Das Geheimnis der Ausstrahlung

Margit Grieshammer

Das Geheimnis der Ausstrahlung

Wie Sie Ihr inneres Licht
zum Leuchten bringen

Mit Illustrationen von Michaela Sangl

Schmidt Verlag

Für Klaus und Tobias

ISBN 3-926 258-24-1

4. Auflage 2003, Schmidt Verlag, Stockheim

Inhaltsverzeichnis

Vorwort

Vor vielen Jahren las ich zufällig folgende Geschichte:

An einem Seeufer sitzt ein Mann und versucht mühevoll, mit seinen Händen Fische zu fangen. Ein vorbeikommender Wanderer sagt: „He, guter Mann, komm ich zeige dir, wie man ein Netz knüpft. Damit kannst du viel mehr Fische fangen!" Der Fischer aber ist so auf den See und seine Arbeit konzentriert, dass er gar nicht richtig zugehört hat. Ohne aufzublicken antwortet er dem Wanderer: „Keine Zeit. Ich muss jetzt Fische fangen."

Schlagartig wurde mir damals bewusst, dass ich wie jener Fischer lebte: Keine Zeit für das Wesentliche, da ich mich ständig um „dies und das" kümmerte.

In den vergangenen 15 Jahren suchte ich Antwort auf die Fragen: „Was ist das Wesentliche im Leben?" und „Was macht eine Persönlichkeit mit Ausstrahlung aus?".

In dieser Zeit bin ich einer Vielzahl von Experten ‚in Sachen Persönlichkeit' begegnet, wie meiner ersten Lehrerin, Gertrud Borger, von der ich wie von keiner zweiten die positive Lebenssicht erlernte. Ein großer Dank auch an Dr. Elfrida Müller-Kainz. Durch sie erlangte ich Erkenntnisse über die Zusammenhänge von Gesetzmäßigkeiten und damit auch meine Gesundheit wieder.

Und natürlich auch herzlichen Dank an Herrn Josef Schmidt, bei dem ich das Tüpfelchen auf dem sprichwörtlichen „i", – nämlich die Ziellehre und das Zeitmanagement – erlernen konnte. In Unternehmer-Energie legte ich auch das Ziel fest, ein Buch mit vielen Bildern über geistige Naturgesetze zu schreiben. Ich hatte immer wieder großes Glück, Menschen zu begegnen, die mir dabei geholfen haben.

Besonderer Dank gebührt Michaela Sangl, dem „Münchner Wunderkind aus Neuseeland", die die Zitate dieses Buches einfühlsam und liebevoll illustrierte.

Gaby Spöth und Ulrike Lengfelder danke ich für ihre Unterstützung und natürlich auch den vielen Teilnehmern meiner Seminare, die mich zum Schreiben eines Buches drängten, das auch Menschen mit wenig Zeit und Lust zum Wälzen von dicken, oft schwer verständlichen Büchern, das Grundwissen eines sinnvollen Lebens vermittelt.

So ist dieses Buch entstanden. Es ist voller Impulse und Denkanstöße – von bekannten und unbekannten Persönlichkeiten.

Deshalb ist es egal, ob Sie vorne, hinten oder in der Mitte mit dem Lesen beginnen. Beginnen Sie dort, wo Sie sich gerade angesprochen fühlen.

Ich wünsche Ihnen beim Lesen eine Pause in Ihrer Alltagsroutine und vielleicht den einen oder anderen Geistesblitz. Es könnte eine kleine Geschichte oder der Satz eines Meisters sein, der Ihr inneres Licht so richtig zum Leuchten bringt!

Alles Liebe
Ihre Margit Grieshammer

Wer die Herzen bewegt,
bewegt die Welt!

...denn die Freude, die wir geben, strahlt ins eigene Herz zurück!

Mary, 19 Jahre alt, ist mongoloid und arbeitet als Tütenpackerin in einem amerikanischen Supermarkt. Eines Tages kam sie auf eine liebenswürdige Idee. Sie wollte ihren Kunden eine Freude bereiten. Aus einem Kalender schrieb sie täglich den „Spruch des Tages" ab und druckte diesen auf visitenkartengroße Kärtchen. Auf die Rückseite schrieb sie mit der Hand „Mary" und malte ein kleines Herz dazu. Diese Zettelchen legte sie den Kunden beim Packen in die Einkaufstüten. Eine kleine, herzliche Geste. Als der Geschäftsführer nach ein paar Wochen eine lange Warteschlange an einer Kasse anstehen sieht, ruft er seinen Mitarbeitern zu, doch mehr Kassen aufzumachen. Doch die Kunden sagten: „Nein, wir wollen zu Mary; wir wollen unseren Spruch des Tages. Wir warten gerne." Eine Kundin erzählte dem Geschäftsführer, dass sie früher nur einmal in der Woche gekommen sei, jetzt komme sie täglich, weil sie ihren Gedanken für den Tag haben wolle.

Mary hat sie gefunden, die Eintrittskarte in die Herzen der Menschen!

Man sieht nur mit dem Herzen gut. Das Wesentliche ist für die Augen unsichtbar. Antoine de Saint-Exupéry

Was können Sie tun, um Ihr Ausstrahlungspotential zu erhöhen? Zapfen Sie jede Energiequelle an, die sich Ihnen nur bietet, um Ihren eigenen, inneren Kraftspeicher immer wieder neu aufzuladen. Steigern Sie Ihre Lebensfreude und dadurch Ihre Ausstrahlung!

- Achten Sie darauf, den Tag positiv zu beginnen: Rechtzeitig aufstehen, in Ruhe duschen und ein ausgiebiges Frühstück einnehmen, bevor Sie zum Arbeitsplatz fahren.
- Sorgen Sie dafür, dass Sie zehn Minuten vor Arbeitsanfang am Arbeitsplatz sind, um pünktlich und entspannt zu beginnen.
- Betonen Sie Ihre Erscheinung. Kleiden Sie sich so, als ob Sie heute etwas ganz Besonderes vorhätten.
- Nehmen Sie sich vor, den ersten fünf Menschen, denen Sie heute begegnen, ein Lächeln zu schenken.

Ein Lächeln kostet weniger als elektrischer Strom und gibt mehr Licht. Schottisches Sprichwort

- Stecken Sie sich erreichbare Ziele und verwirklichen Sie diese Schritt für Schritt.
- Vermeiden Sie Stress durch Zeitplanung.
- Erledigen Sie Unangenehmes sofort.
- Betrachten Sie Probleme als Herausforderung.
- Stoppen Sie aufkommenden Ärger, ändern Sie hier und jetzt Ihre Einstellung.
- Gönnen Sie sich freie Abende zur Erholung.
- Genießen Sie ein gutes Buch.
- Nehmen Sie sich Zeit, innere Harmonie zu finden.
- Suchen Sie sich als Kraftplatz einen Ort – drinnen oder draußen – an dem Sie sich so richtig wohl fühlen und auftanken können.
- Besuchen Sie Kurse und Seminare, um sich weiterzuentwickeln.
- Suchen Sie sich Kontakte, die Sie positiv verstärken.
- Freuen Sie sich über die kleinen Dinge des Lebens.
- Bereiten Sie heute einem anderen Menschen eine Freude.
- Bewegen Sie sich an der frischen Luft, nehmen Sie die Natur mit allen Sinnen wahr.
- Lachen Sie so oft und so viel Sie können.

Eine positive Ausstrahlung
ist die Eintrittskarte in die Herzen der Menschen.

Charme ist das,
was übrigbleibt,
wenn alles andere schwindet.

Francoise Rosay

Um ein Stern zu sein,
musst du dein eigenes Licht verstrahlen,
deinen eigenen Weg gehen.
Und du brauchst dich vor der Dunkelheit
nicht zu fürchten.
Denn sie ist es,
die deinen Stern noch heller strahlen lässt.

Wolf W. Lasko

Das Geheimnis der Ausstrahlung

Beobachten Sie doch einmal die Menschen um sich herum: Sie entdecken Leute, die sich erstklassig kleiden, hochgebildet und beruflich erfolgreich sind. Trotz allem wirken sie oft bleich, langweilig und unscheinbar. Und dann gibt es andere, die sogar weniger gut gekleidet und nicht so gebildet ein ganz besonderes Charisma ausstrahlen.

Ein Licht, das von innen her leuchtet, kann niemand auslöschen. Kubanische Weisheit

Was steckt hinter der Faszination einer Audrey Hepburn, einer Lady Diana, einer Mutter Teresa, eines Ghandi, eines J. F. Kennedy, eines Heinz Rühmann...? Von ihnen geht eine gewisse Anziehungskraft aus.

Was ist es, das diese Menschen so liebenswürdig, so besonders und so erfolgreich macht? Sie lösen positive Reaktionen aus, weil sie „von innen heraus leuchten". Sie besitzen Ausstrahlung.

Die Anmut eines Menschen ist nicht das makellose Gesicht oder die Traumfigur, sondern seine unverwechselbare Persönlichkeit.

Mit zwanzig hat jeder das Gesicht, das Gott ihm gegeben hat, mit vierzig das Gesicht, das ihm das Leben gegeben hat und mit sechzig das Gesicht, das er verdient. Albert Schweitzer

Der beste Weg, um zu einer guten Ausstrahlung zu kommen, ist das positive Denken.

Was Sie denken, strahlen Sie aus:

Meist können wir einem fremden Menschen schon auf den ersten Blick ansehen, welches Bild er von sich in seinem Herzen trägt.

Ein schwerer Gang, die Schultern eingezogen, die Mundwinkel hängend, eine leise, monotone Stimme und ein lascher Händedruck zeugen von schwachem Selbstbewusstsein. Der ganze Körper schreit es förmlich hinaus: „Ich bin es nur!"

Wenn solche Menschen in eine Gesellschaft kommen, nimmt man sie überhaupt nicht wahr. Noch nach Stunden weiß man nicht, wer sie sind oder was sie tun.

Ganz anders bei einem Menschen, der positiv denkt. Er füllt einen Raum allein durch seine Anwesenheit. Der Gang ist aufrecht, federnd, der Händedruck kräftig, die Stimme lebendig und klar, die Mimik freundlich, die Augen funkeln und strahlen.

Was Sie ausstrahlen, das ziehen Sie an:

Positiv denkende Menschen ziehen uns magisch an. In ihrer Nähe fühlen wir uns so richtig wohl, weil sie freundlich, offen und optimistisch sind, uns Mut machen, motivieren und begeistern können.

Die Pessimisten ziehen sich aber ebenfalls an. Sie gefallen sich in ihrem Lieblingsspiel: „Ist es nicht schrecklich, dass ...?"

Und wenn es anderen schlechter geht, dann fühlen sie sich so richtig wohl. Ihr Denkschema lautet: Ich bin nicht in Ordnung, aber du auch nicht!

Wenn Sie Ihr volles Ausstrahlungspotential ausschöpfen wollen, müssen Sie Ihre negativen Denkgewohnheiten auf ein Minimum reduzieren. Ersetzen Sie einen negativen Gedanken einfach durch einen positiven. Ihr Unterbewusstsein wird es sofort registrieren und Ihr inneres Licht zum Leuchten bringen.

Der Körper ist Träger unseres Bewusstseins und dieser Träger strahlt aus, was er trägt, nämlich unser Bewusstsein. Josef Schmidt

Die wahre Schönheit eines Menschen
ist seine Ausstrahlung.

In der Ruhe liegt die Kraft

Ein großer König des Morgenlandes besuchte einen Weisen, um diesen zu fragen: „Ich bin ein äußerst beschäftigter Mann, kannst du mir sagen, was ich tun muss, um bessere Gedanken zu bekommen?" Darauf entgegnete der Weise: „Stille!" „Und wie kann ich Stille finden?", hakte der König nach. „Meditation!", gab der Weise zurück – Meditation bedeutet im Verständnis des Ostens, sich jenseits allen Denkens zu befinden.

Wer nicht mehr genießen kann, wird ungenießbar.

Josef Schmidt

Wie alles in der Natur brauchen auch wir einen Ausgleich, um auszuruhen und Kraft zu schöpfen. Die Natur ist im Sommer aktiv und ruht im Winter. Davon können wir viel lernen. Die Natur lässt sich Zeit, so wie alles Schöne, Wertvolle und Einzigartige im Leben zum Entstehen und Vollenden Zeit braucht.

Stetige Zyklen, wie das Drehen der Erde um die Sonne und das Warten auf das Erwachen der Natur im Frühling brauchen ihre Zeit. Neun Monate Zeit brauchten wir, um im Leib unserer Mutter heranzuwachsen und lebensfähig zu werden. Aber auch das weitere Wachstum des Körpers, eines gesunden Selbstwertgefühles, von positiver Lebenseinstellung und Vertrauen benötigt Zeit.

Wenn du es eilig hast, dann gehe langsam.

Chinesisches Sprichwort

Betrachten Sie das Ruhen als eine Notwendigkeit.

Ein Holzfäller wurde nach der Menge des gehackten Holzes bezahlt. Am ersten Abend schichtete er nach getaner Arbeit den Holzstoß auf und dachte: „Morgen werde ich noch mehr Holz hacken und dadurch noch mehr verdienen." Am nächsten Tag arbeitete er noch eifriger und schichtete das Holz wieder auf. Aber der Holzhaufen war kleiner als der am Vortag. So nahm er sich vor, am dritten Tag noch kräftiger und schneller zu hacken – aber am Abend dieses Tages war der Holzstoß noch kleiner als der vom zweiten Tag. Er war ganz enttäuscht und konnte das nicht verstehen. Als er seinen Lohn abholte und seinem Vorgesetzten sagte, dass er das nicht verstehen könne, sagte dieser zu ihm: „Wenn du einmal eine Pause gemacht und die Axt geschliffen hättest, hättest du mehr verdient."

Ausnahme oder tägliche Realität? Wie viele Menschen befinden sich in dieser Situation, keine Zeit für das Wesentliche zu haben, da sie sich auf das Unwesentliche konzentrieren „müssen"!

Oft sind es gerade die gut genutzten Mußestunden, in denen wir das Tor zu einer neuen Welt finden.

Je ruhiger unser Körper wird, umso ruhiger wird unser Geist. Im entspannten Zustand ist es am leichtesten, falsche Verhaltensmuster zu erkennen und neue, positive aufzunehmen.

Lieber einmal nichts tun als mit viel Mühe wenig schaffen.

Sicher haben Sie auch schon einmal die Erfahrung gemacht, dass, wenn Sie sich ungeheure Mühe geben, sich an etwas zu erinnern oder ein Problem zu lösen, der gewünschte Erfolg ausbleibt.

Die meisten Menschen haben ihre Geistesblitze dann, wenn sie sich eigentlich mit "Nichts" beschäftigen, beispielsweise unter der Dusche, im Bett oder an anderen Orten, wo sie einfach relaxed sind.

Im entspannten Zustand sind wir weit kreativer als im Tatendrang.

Das Leben ist keine Schnellstraße
zwischen Wiege und Bahre, sondern auch ein Platz
zum Genießen und Entspannen.

**Die modernen Sklaven
werden nicht mit der Peitsche,
sondern mit dem Terminkalender angetrieben.**

Aus Österreich

Muße ist keine Erfindung für bessere Leute –
sie ist leibliches, seelisches, geistiges Atemholen –
ohne das kein menschliches Wesen
auf Dauer leben kann, am wenigsten
der unentwegt arbeitende Mensch unseres Zeitalters.

Rudolf Hagelstange

Schlüssel zum Erfolg

Erfolg ist die Summe aller Maßnahmen, die zu einem gedeihlichen Leben führen, die meine Selbstachtung heben und mir das Gefühl geben, bedeutend zu sein, gebraucht zu werden und die die Freude in den Mittelpunkt stellt.

Josef Schmidt

Ein junger Mann kehrte aus dem ersten Weltkrieg zurück und musste verzweifelt feststellen, dass seine Verlobte einen anderen geheiratet hatte. Er hatte keine Familie und kein Zuhause mehr, er verfügte über keine besondere Schul- oder Ausbildung. Das einzige, was er konnte, war zeichnen. Er eröffnete ein Zeichenbüro und scheiterte zweimal jeweils nach kurzer Zeit. Schließlich startete er einen dritten Versuch, aber diesmal mit einer neuen Idee: Er hatte seinen Schwerpunkt verändert. Jetzt zeichnete er Comic-Figuren – und er begann mit einer Maus. Dieser Zeichner hieß Walt Disney. Er hatte zwei Pleiten hinter sich, bevor er mit einer neuen Idee erfolgreich war. Heute ist seine Firma Walt Disney einer der größten Medienkonzerne der Welt.

Erfolg ist das sichtbare Ergebnis unserer Gedanken.

Kurt Tepperwein behauptet, es gäbe keine erfolglosen Menschen, jeder habe Erfolg. Er erklärt das so: „Erfolg folgt auf etwas, das heißt, es ist etwas vorausgegangen. Wir setzen mit unserem Denken und Verhalten Ursachen, auf die hin etwas folgt. Und es erfolgt nicht, was wir gerne hätten, und auch nicht, was wir dringend bräuchten. Es erfolgt das, was wir verursachen, egal, ob es uns gefällt oder nicht. Das heißt, wir selbst haben Macht über unsere Zukunft, die im gleichen Augenblick beginnt. Wir können verursachen, was immer wir wollen, dem Leben ist es vollkommen egal. Und es kostet uns die gleiche Kraft, erfolgreich oder erfolglos zu sein. Es kostet die gleiche Kraft, gesund oder krank zu sein. Beides muss verursacht werden. Das eine ist nicht anstrengender als das andere. Nur, dass das eine sehr viel-mehr Spaß macht!

Es ist nur zu empfehlen, gesund und erfolgreich zu leben und dies können wir verursachen. So genommen könnte heute das wichtigste Datum in Ihrem Leben sein, wenn Sie jetzt in diesem Augenblick anfangen, die richtigen Dinge zu verursachen! Setzen Sie heute Ursachen, die Sie dann in naher Zukunft als Erfolg erleben."

Erfolg ist wie ein Gemälde, das aus vielen kleinen Mosaiksteinchen besteht.

11 Schlüssel zum Erfolg

1. Entwerfen Sie eine Vision Ihrer Zukunft!
2. Formulieren Sie Ihre Ziele schriftlich, konkret, präzise und positiv!
3. Glauben Sie nur das Beste von sich und von anderen!
4. Schreiben Sie Ihr Problem auf und formulieren Sie das Gegenteil! (Beispielsweise bei Arbeitslosigkeit: Eine feste Anstellung)
5. Übernehmen Sie die volle Verantwortung für alles, was sich in Ihrem Leben ereignet!
6. Haben Sie Mut zur Veränderung!
7. Suchen Sie sich Vorbilder und lernen Sie von ihnen!
8. Wünschen Sie anderen Menschen Erfolg! Alles, was Sie aussenden, kehrt zu Ihnen zurück.
9. Visualisieren Sie Ihre Ziele täglich!
10. Handeln Sie „jetzt"!
11. Freuen Sie sich auch über kleinste Erfolge!

Warte nicht auf den Erfolg, verursache ihn!

Du bist geboren, um Erfolg zu haben.
Keiner kann dich davon abhalten – außer du selbst.

Die meisten erfolglosen Menschen befinden sich nur auf dem Bremspedal.
Mit der gleichen Kraft, mit der du bremst, kannst du jedoch auch Gas geben!

**Ein Misserfolg
wandelt sich in einen Erfolg,
wenn wir daraus lernen.**

N. N.

Erfolgreiche Menschen
sind Menschen,
die handeln.
Erfolglose Menschen
sind Menschen,
die immer nur davon reden,
einmal zu handeln.

N. N.

Ohne Schweiß kein Preis

Im Alter von 20 Jahren hatte Julio Iglesias einen Autounfall, der ihn von der Taille an abwärts lähmte. Es sah so aus, als würde er den Rest seines Lebens im Rollstuhl verbringen müssen, aber Julio weigerte sich, dies zu akzeptieren. Zwei Monate lang übte er täglich zwölf Stunden, nur um den kleinen Zeh ein bisschen bewegen zu können. Stück für Stück erkämpfte er sich innerhalb von beinahe zwei Jahren den Gebrauch seiner unteren Gliedmaßen wieder. Er zog sich mit den Armen durch das Haus seiner Eltern und hoffte, seine Beine würden irgendwie verstehen, dass sie wieder arbeiten sollten. Er ließ den ganzen Korridor entlang Spiegel anbringen, so dass er sich selbst motivieren konnte, während er sich so dahinschleppte. Schließlich baute er mit derselben Entschlossenheit und demselben Engagement für Spitzenleistungen, die seinen Körper wieder gesund werden ließen, auch seine Karriere als internationaler Top-Star auf.

Der menschliche Geist ist unbezwingbar. Der Wille zu siegen, es zu schaffen, das eigene Leben selbst zu gestalten und die Kontrolle zu übernehmen, kann aber nur dann wirksam werden, wenn Sie auch selbst bestimmen, was Sie wollen und daran glauben, dass kein Hindernis Sie davon abhalten kann.

Hindernisse sind nichts weiter als ein Aufruf: „Bleibe deinem Ziel treu!"

Auch aus Steinen, die dir in den Weg gelegt werden, kannst du etwas Schönes bauen.

Erich Kästner

Denken Sie einmal an etwas, das sie heute genießen können und das einst weiter nichts als ein Ziel war. Viele Hindernisse mögen sich Ihnen bei Ihrem Vorhaben, es zu erreichen, in den Weg gestellt haben, doch heute ist es ein Teil Ihres Lebens. Während Sie Ihrem Ziel folgen und neuen Hindernissen gegenüberstehen, erinnern Sie sich: Sie haben dies alles schon einmal durchgemacht und haben es geschafft!

Ein klares Ziel ist schon der halbe Weg.

Wille oder Vorstellung – was ist stärker?

Emil Couè hat schon vor 120 Jahren erkannt, dass wir zwischen dem „Willen" und der „Vorstellung" unterscheiden müssen. Wenn sich beide im Wettstreit befinden, siegt immer die Vorstellung – das ist der berühmte Glaube, der die Berge versetzen kann.

Wenn Sie beispielsweise im Bett liegen und sich sagen: „Ich will jetzt einschlafen!", aber vor Ihrem geistigen Auge gleichzeitig das Bild entsteht, wie Sie sich wieder einmal schlaflos im Bett wälzen, dann wird Ihre Vorstellung siegen. Sie werden sich schlaflos im Bett wälzen – und zwar mit viel Erfolg!

Also setzen Sie Ihre Vorstellungskraft ein: Visualisieren Sie Ihr Zielfoto, sooft sie nur können, und Ihr Unterbewusstsein wird sie bei der Realisierung kräftig unterstützen!

Das große Geheimnis des Erfolges ist die Kooperation von Willen und Vorstellung.

Eine weitere Antriebskraft ist die Begeisterung: Sie hilft uns dabei, in Bewegung zu kommen und zu bleiben.

Wer in seinem Inneren dieses Feuer entfachen kann, der denkt, fühlt und handelt begeistert und geht mit Leichtigkeit vorwärts.

Die Begeisterung lebt von der Freude. Entwickeln Sie immer wieder die Fähigkeit, positive Aspekte zu finden!

Wecken Sie das Feuer der Begeisterung in sich.

Wer nach oben will,
muss eine Menge Hindernisse überwinden.

Ohne Begeisterung
schlafen die besten Kräfte unseres Gemüts.
Es ist ein Zunder in uns,
der funken will.

Herder

Wenn das Leben keine Vision hat,
nach der man sich sehnt,
die man verwirklichen möchte,
dann gibt es auch kein Motiv, sich anzustrengen.

Erich Fromm

Wer immer strebend sich bemüht

Zu jeder außergewöhnlichen Leistung gehört Durchhaltevermögen. Nichts auf dieser Welt kann Durchhaltevermögen und Ausdauer ersetzen.

Talent nicht – denn es ist nichts häufiger anzutreffen, als erfolglose Menschen mit Talent.

Ausbildung nicht – die Welt ist voll von hilflosen Gelehrten.

Genie nicht – das verkannte Genie ist schon sprichwörtlich.

Reichtum nicht – wie viele reich Geborene sterben verarmt.

Bildung nicht – sonst müssten alle Professoren Millionäre sein

Das einzige, was uns zu unserem Ziel verhilft, ist Ausdauer und Duchhaltevermögen.

Denke immer daran, dass deine eigene Entschlossenheit, erfolgreich zu sein, wichtiger ist als alles andere. Abraham Lincoln

Mit 31 Jahren ging Abraham Lincoln bankrott, er verlor den Wahlkampf mit 32, ging wiederum bankrott mit 34, begrub seine Liebste mit 35, hatte einen Nervenzusammenbruch mit 36, verlor den Wahlkampf mit 43, 46 und 48, verlor die Senatorenwahl mit 55, verlor die Wahl zum Vizepräsidenten der USA mit 56 und eine weitere Senatswahl mit 58. Im Alter von 60 Jahren wurde er zum Präsidenten der USA gewählt und zählt heute zu den größten Führern in der Geschichte der Menschheit.

Viele Menschen kommen in ihrem Leben deshalb nicht so recht voran, weil sie glauben, sie stünden auf einer Rolltreppe, die sie automatisch nach oben befördert.

Ausdauer ist das Geheimnis aller erfolgreichen Menschen.

Leider geben die meisten Menschen zu leicht auf. Egal wohin sie blicken, sie finden überall Menschen, die bereits aufgegeben haben:

- Menschen, die ein Instrument erlernen *wollten,*
- Menschen, die eine Fremdsprache erlernen *wollten,*
- Menschen, die sich einen Traum verwirklichen *wollten,*
- Menschen, die sich körperlich fit halten *wollten,*
- und Menschen, die einfach *aufgegeben haben.*

Eine Weile haben sie es sicher mit gutem Willen versucht, doch nachdem der Erfolg sich nicht gleich einstellte, gaben sie auf.

Für alle, die sich entschlossen haben, erfolgreich zu sein, ist dies eine wunderbare Nachricht. Es bedeutet nämlich, dass sie auf ihrem Weg nach oben nicht viel Konkurrenz befürchten müssen!

Edison machte Tausende von Erfindungen, unter anderem die Glühbirne und das Grammophon. Sein Einfluss auf die Menschheit war enorm. Es wäre zu einfach, nur sein schöpferisches Genie wertzuschätzen und dabei außer Acht zu lassen, welch außergewöhnliches Durchhaltevermögen die Voraussetzung für seinen Erfolg war.

Anfangen kann jeder – aber nur mit Ausdauer gelangen wir auch ans Ziel!

Gebt niemals auf, nie, nie, nie – sei es groß oder klein, bedeutend oder gering – gebt niemals auf, es sei denn aus Ehre und gesundem Menschenverstand. Winston Churchill

Du wirst nicht für das Beginnen belohnt,
sondern nur für das Beenden.

Lachen ist gesund!

Lachen ist eine Wohltat für Körper und Geist.

Als der amerikanische Medizinjournalist Norman Cousins mit einer lebensbedrohlichen Wirbelsäulenerkrankung im Krankenhaus lag, sah er sich täglich Comics und Komödien an. Schon nach zehn Minuten lachen konnte er schmerzfrei zwei Stunden schlafen.

Lachen ist die ideale Schmerztherapie.

Unser Körper ist eine einzige große Hormonfabrik, in der u. a. fleißige Drüsen arbeiten. Je besser unsere Hormonlage ist, desto fröhlicher sind wir und desto leichter geht uns die Arbeit von der Hand.

Heiterkeit und Humor mobilisieren eine ganze Reihe von Neurotransmittern und Substanzen aus der Endorphinfamilie. Das stärkt die Abwehr derart, dass Infektionen und sogar Krebs eine weitaus geringere Chance haben, sich durchzusetzen.

Eine Minute lachen, so bestätigt Prof. Uhlenbruck, hat die gleiche Wirkung wie 45 Minuten Entspannungstraining. Bei fröhlichen Patienten wirken die Selbstheilungskräfte effektiver.

Wenn wir ein glückliches Leben führen wollen, müssen wir trotz unserer Probleme wieder Lächeln und Lachen lernen. Ein Mensch, der in einer schwierigen Lage ist, lacht vielleicht ein Jahr lang nicht mehr. Ein anderer beschließt, bereits nach einer Woche wieder zu lachen.

Humor ist der Sonnenschein des Geistes.

George Bulwer-Lytton

Von Kindern können wir viel über das Lachen lernen: Kinder lachen ungeniert über fast alles. Sie scheinen intuitiv zu wissen, dass sie Lachen aus vollem Herzen gesund und ausgeglichen erhält. Sie haben ein unersättliches Verlangen nach Spaß und Freude. Das Leben ist nicht so schlimm, wie wir oft versucht sind zu denken.

Was immer Ihnen fehlt, ist nie so viel, wie Sie bereits besitzen. Denken Sie nur an Gesundheit, Familie, Freunde, Arbeit etc.

Lache, und die Welt lacht zurück.

Wie können wir aber lachen, wenn uns gerade überhaupt nicht danach zumute ist?

Hier ein Tipp von Vera F. Birkenbihl:

Suchen Sie sich einen ruhigen Platz, an dem Sie nicht gestört werden (zur Not auch die Toilette) – und versuchen Sie, mindestens eine Minute lang zu lächeln! Anfangs werden Sie vielleicht nur eine Grimasse zustande bringen, aber das macht nichts. Die Hauptsache ist, dass Sie Ihre Mundwinkel anheben! Dadurch wird folgende Kettenreaktion ausgelöst: Auf jeder Wangenseite drückt ein Muskel auf einen bestimmten Nerv. Das signalisiert dem Gehirn, dass Sie lächeln. Sofort schüttet es Glücks-Hormone (Endorphine) aus. Glücks-Hormone „fressen" Kampf-Hormone auf. Das ist ein neurophysiologischer Vorgang, so ähnlich, als schlüge der Arzt mit einem Hämmerchen auf ihr Knie – der Unterschenkel schwingt nach vorn, ob Sie wollen oder nicht.

Nichts auf der Welt wirkt so ansteckend wie Lachen und gute Laune.

Charles Dickens

Lächeln Sie, bevor Sie den Telefonhörer abheben. Dies bewirkt ein positiveres Gesprächsklima.

Lächeln Sie, wenn Sie Fremde kennenlernen. Meist reagiert der andere offener und freundlicher.

Lächeln Sie, bevor Sie einen Brief schreiben. Ihre positive Stimmung wird man „zwischen den Zeilen" lesen können.

Ein Tag ohne Lachen ist ein verlorener Tag!

Charlie Chaplin

Der Weg zur Gelassenheit, zu Mut und Weisheit

Herr, gib mir die Gelassenheit,
die Dinge hinzunehmen,
die ich nicht ändern kann.

Verleihe mir den Mut,
die Dinge zu ändern,
die ich ändern kann.

Und schenke mir die Weisheit,
das eine vom anderen
zu unterscheiden.

Oettinger

Öffne auch Türen,
die scheinbar ins Nichts führen.
Es könnten sich dir
ganz neue
ungeahnte Möglichkeiten eröffnen.

Hilf dir selbst, dann hilft dir Gott!

Das Leben macht nichts aus uns, wenn wir nicht selbst etwas aus unserem Leben machen.
Joe Fraizer

Ein Rabbi, der sein ganzes Leben lang treu nach seinem Glauben gelebt hatte, sagte zu Gott: „Herr, ich habe dir immer treu gedient und das Gesetz befolgt. Ich war immer ein guter Jude, doch jetzt bin ich alt und brauche Hilfe. Herr, lass mich in der Lotterie gewinnen, damit ich auf meine alten Tage in Ruhe leben kann!" Und er betete und betete und betete...

Es vergingen Wochen, Monate, ein Jahr, zwei Jahre, schließlich drei Jahre, bis der Rabbi eines Tages verzweifelt rief: „Gott, tu doch etwas!" Und Gott antwortete: „Tu doch selbst etwas! Warum kaufst du dir kein Los?"

Du bist nicht nur für das, was du tust, sondern auch für das, was du nicht tust, verantwortlich.

Das Abschieben der Verantwortung ist ein beliebtes Gesellschaftsspiel. Was wir allerdings gleichzeitig abgeben, ist Macht und die Möglichkeit zur Veränderung.

Natürlich ist es am einfachsten zu sagen: „Wenn mein Chef nicht wäre, dann müsste ich mich nicht immer so ärgern!" Oder: „Wenn mein Mann nicht so wäre, dann...!"

Wenn ich das Gefühl habe, nichts tun zu können, dann bin ich ohnmächtig (ohne Macht) und um so abhängiger von angeblich „Mächtigen".

Es ist erschreckend, wie viele Menschen verbissen an ihrer eigenen Ohnmacht festhalten. Sie wollen Opfer anderer Menschen, von Krankheit oder Arbeitslosigkeit etc. bleiben. Das Opferspiel ist äußerst beliebt, denn als Opfer hat man meist die Sympathien auf seiner Seite.

Ein Unternehmer war seit 10 Jahren verheiratet. Da sich die wirtschaftliche Entwicklung seiner Firma sehr schwierig gestaltete, litt auch die Partnerschaft darunter. Seine Frau hielt jedoch immer zu ihm, auch, als er schließlich krank wurde. Sie meinte auch zu wissen, dass das Fortbestehen der Ehe vorwiegend ihr Verdienst sei.

Als sich ihr Ehemann jedoch überraschend in eine andere Frau verliebte und seine Frau kurz entschlossen verließ, suchte sie nach Schuldigen. Die Geliebte war schuld. Der Mann war schuld. Die Kunden oder die Rezession waren die Schuldigen.

So ist unser „normaler" Denkablauf. Sobald etwas Unangenehmes oder Negatives eintritt, suchen wir die verantwortlichen „Sündenböcke" unter den anderen. Wenn sich jedoch etwas positiv entwickelt bzw. bewährt, fühlen wir uns dafür verantwortlich.

Je nach Willkür schieben wir die Verantwortung hin und her. Eine sehr praktische Angelegenheit ist auch das Abschieben der Verantwortung auf die Eltern.

Mörder erklären häufig, sie hätten eine schwere Kindheit gehabt und man kann davon ausgehen, dass deren Eltern ebenfalls unangenehme Kindheitserlebnisse hatten.

Wir sind Weltmeister im Erfinden von Ausreden, im Suchen von Schuldigen.

Es liegt an Ihnen, ob Sie sich zu einem ohnmächtigen oder zu einem machtvollen Menschen entwickeln.

An dem Tag, an dem Sie die volle Verantwortung für sich selbst übernehmen, der Tag, an dem Sie aufhören, Schuldige zu suchen, an dem Tag beginnt für Sie ein glückliches Leben.

Suchst du eine helfende Hand?
Du findest sie immer am Ende deines Armes!

Irrweg

Ein Mann, der durch den Wald ging, sah einen Fuchs, der seine Beine verloren hatte und fragte sich, wie er überleben könne. Da sah er, wie ein Tiger mit Jagdbeute in seinem Maul ankam.

Der Tiger fraß sich satt und ließ die Reste des Fleisches für den Fuchs übrig. Am nächsten Tag fütterte Gott den Fuchs mit Hilfe desselben Tigers. Der Mann staunte über Gottes Erhabenheit und sagte sich: „Auch ich werde in einem ruhigen Winkel ausharren, im vollen Vertrauen auf den Herrn, und er wird mir alles besorgen, was ich brauche.“

So tat er viele Tage lang, aber nichts geschah, und er war schon dem Tode nahe, als er eine Stimme hörte, die sagte: „Oh du, der du auf einem Irrweg bist, öffne deine Augen für die Wahrheit! Folge dem Beispiel des Tigers und höre auf, den behinderten Fuchs nachzuahmen.“

Wer denkt oder sagt: „Ich kann nicht!", der setzt sich
nur selbst Grenzen.
Denke dann immer an die Hummel.
Die Hummel hat eine Flügelfläche von 0,7 Quadratzentimeter,
bei 1,2 Gramm Körpergewicht.
Nach den bekannten Gesetzen der Flugtechnik
kann eine Hummel unmöglich fliegen.
Gott sei Dank weiß dies die Hummel nicht. Sie fliegt einfach.

Frisch gewagt ist halb gewonnen

Nach langjährigen, gemeinsamen Fernsehabenden sagte ein Mann zu seiner Frau: „Lass uns heute Abend etwas ganz Besonderes machen!" Sofort tauchten vor ihrem geistigen Auge Visionen von einer Nacht in der Stadt auf. „Fantastisch", sagte sie, „was wollen wir machen?" „Wir könnten einmal die Sessel tauschen."

Die Gewohnheit ist der härteste Klebstoff der Welt.

Suchen Sie nach Lösungsmitteln!

Hast Du etwas drei Jahre lang auf die gleiche Weise gemacht, betrachte es sorgfältig. Hast Du etwas fünf Jahre lang genauso gemacht, betrachte es misstrauisch. Hast Du gar zehn Jahre lang das gleiche getan, mache es anders!

Ghandi

Unser Leben ist die tägliche Überwindung der Schwerkraft. Jeder, der wirklich etwas verändern will, muss Bequemlichkeit, Faulheit und Trägheit überwinden.

Viele Menschen suchen Abwechslung und Spannung in ihrem Leben – aber bitte ohne Risiko! Aus einem übertriebenen Sicherheitsbedürfnis mag man sagen: „Ich gehe keine Risiken ein. Ich wage mich nicht auf die dünnen Äste hinaus." Aber gerade dort hängen seit eh und je die süßesten Früchte.

Menschen, die jedes Risiko scheuen, gehen das größte Risiko ein.

Georg Kennan

Ein geistiges Naturgesetz sorgt dafür, dass die Belohnung nach einem Risiko kommt. Wenn wir gehen lernen wollen, müssen wir das Hinfallen riskieren. Wenn wir etwas erreichen wollen, so ist es immer mit Risiko verbunden. Wenn wir uns verlieben, so ist es ein Risiko. Wenn Sie eine neue Arbeitsstelle antreten, so ist es ein Risiko. Wenn wir ein Spiel gewinnen wollen, müssen wir uns der Möglichkeit stellen zu verlieren. „Wer nicht wagt, der nicht gewinnt!"

Manche Menschen wagen alles, wenn es um Nichts geht. Und nichts, wenn es um Alles geht.

Roman Herzog

Wenn Ihnen Ihre jetzige Lebenssituation nicht gefällt, dann müssen Sie diesen Zustand ändern, Sie müssen handeln. „Handeln" bedeutet „in die Hand nehmen", also anpacken.

Um zu erreichen, was immer Sie auch wollen, müssen sie tun, was dazu nötig ist. Durch Unentschlossenheit riskieren Sie möglicherweise, die Chance Ihres Lebens zu verpassen.

Die Würze des Lebens besteht darin, sich immer wieder mit Neuem zu beschäftigen. Wenn wir immer nur nach Sicherheit und Absicherung trachten, wird unsere Lebensenergie erstickt.

Absoluten Schutz und Sicherheit sowie die Befreiung von allen Sorgen können wir erst dann erreicht haben, wenn wir zwei Meter unter der Erde in einer Kiste liegen.

Auf der Sandbank der Unentschlossenheit sind mehr Menschen gestrandet als durch irgendwelche anderen Ursachen. Treffen Sie heute Ihre Entscheidungen und handeln Sie entschlossen!

**Der eine wartet, dass die Zeit sich wandelt.
Der andere packt sie kräftig an und handelt.**

Dante

Die beiden Ruhekissen der Bequemlichkeit.

Schlaraffenland

Es war einmal ein Mann, der starb und sich an einem wunderschönen Ort wiederfand, umgeben von allem erdenklichen Komfort. Ein Mann im weißen Jackett kam auf ihn zu und sagte: „Sie können alles haben, was Sie wollen – alle Speisen – alle möglichen Vergnügen – alle Arten von Unterhaltung." Der Mann war hoch erfreut. Tagelang probierte er von all den Delikatessen und Erfahrungen, von denen er auf Erden geträumt hatte. Doch eines Tages wurde ihm das alles langweilig, und er rief den Wärter zu sich und sagte: „Ich bin dies alles müde. Ich brauche etwas zu tun. Welche Art von Arbeit kannst du mir geben?" Der Wärter schüttelte traurig den Kopf und antwortete: „Es tut mir leid, mein Herr. Das ist das einzige, was wir nicht für Sie tun können. Es gibt hier keine Arbeit für Sie." Worauf der Mann entgegnete: „Eine schöne Bescherung. Ebensogut könnte ich in der Hölle sitzen."

Der Wärter sagte sanft: „Was glauben Sie, wo Sie hier sind!"

Margret Stevens

Die Faulheit
wird durch
Langeweile bestraft.

Giacomo Casanova

Achtung! Unser Umfeld prägt uns mehr, als wir meinen!

Durch eine Verkettung von Umständen gelangte das Ei eines Adlers in ein Nest im hintersten Winkel einer Scheune, in dem eine Henne auf ihren Eiern brütete. Als es soweit war, schlüpfte der kleine Adler mit den anderen Küken aus. Die Zeit verging, und der kleine Vogel begann auf unerklärliche Weise, sich danach zu sehnen, fliegen zu können. Also sagte er zu seiner Mutter, der Henne: „Wann werde ich fliegen lernen?" Der armen Henne war durchaus bewusst, dass sie nicht fliegen konnte und auch nicht die geringste Ahnung hatte, was andere Vögel taten, um ihren Jungen die Kunst des Fliegens zu lehren. Aber sie genierte sich, diese Unzulänglichkeit zuzugeben, und sagte daher: „Noch nicht, Kind, noch nicht. Ich werde es dir beibringen, wenn du soweit bist." Monate vergingen, und der junge Adler begann zu argwöhnen, dass seine Mutter nicht fliegen konnte. Aber er brachte es nicht fertig, auszubrechen und auf eigene Faust loszufliegen, denn seine Sehnsucht zu fliegen war in Konflikt geraten mit der Dankbarkeit, die er gegenüber dem Vogel, der ihn ausgebrütet hatte, empfand.

Bevor wir uns Gedanken über die Zukunft machen, müssen wir erst unsere Vergangenheit und Gegenwart betrachten.

„Wer bin ich?"

Zu einer einzigartigen Persönlichkeit kann sich nur der entwickeln, der sich seiner Stärken und Schwächen bewusst ist.

Bereits nach unserer Geburt bilden sich grundsätzliche Verhaltensmuster. Viele unserer gegenwärtigen Eigenschaften entstehen aus Erlebnissen der frühen Kindheit. Da unser Denken noch nicht vorhanden war, saugten wir alle Informationen – ohne Bewertung – wie ein Schwamm auf. Die erste Beziehung, meist die zu unseren Eltern, prägt größtenteils unterbewusst unser späteres Leben, unsere Verhaltensmuster und Beziehungen.

Kinder müssen die Dummheiten der Erwachsenen ertragen, bis sie groß genug sind, sie zu wiederholen. Jean Anouilh

- Wenn ein Kind mit Kritik aufwächst, lernt es selbst nur zu verurteilen.
- Wenn ein Kind mit Feindseligkeit aufwächst, lernt es, allem mit Feindseligkeit zu begegnen.
- Wenn ein Kind mit Spott und Sarkasmus aufwächst, wird es schüchtern werden.
- Wenn ein Kind mit Scham-Tabus aufwächst, lernt es ein ständiges Schuldgefühl.
- Wenn ein Kind mit Toleranz aufwächst, lernt es Geduld und Nachsicht.
- Wenn ein Kind mit Lob aufwächst, lernt es sich selbst und andere zu schätzen.
- Wenn ein Kind mit Fairness aufwächst, lernt es Loyalität.
- Wenn ein Kind mit Sicherheit aufwächst, lernt es Vertrauen.
- Wenn ein Kind mit Anerkennung und Freundschaft aufwächst, lernt es Liebe in der Welt zu finden.

Josef Schmidt

Wir sind „eingewickelt" in all die Ängste, die uns unsere Eltern vorlebten, die uns in sensiblen Phasen prägten, später zur Gewohnheit wurden und sich schließlich in unserem Charakter ausdrücken.

Doch irgendwann wird es Zeit zum „sich Entwickeln". Erst wenn wir erkennen, in was und durch was oder wen wir „verwickelt" wurden, sind wir dazu in der Lage.

Schlechte Gewohnheiten, die wir von unseren Eltern angenommen haben, müssen wir nicht bekämpfen, wir können sie einfach durch gute Handlungen ersetzen.

So wie Mutter werde ich nie!

Träume werden Wirklichkeit

„I have a dream."

Für Martin Luther King begann alles mit einem Traum. Er träumte davon, dass Schwarze und Weiße friedlich und tolerant nebeneinander leben. Er träumte davon, dass schwarze Kinder mit weißen gemeinsam zur Schule gehen, dass schwarze Frauen in Geschäften von Weißen einkaufen. Er träumte von Gleichberechtigung und Frieden. Martin Luther King zeigte, dass ein Mensch, der fest entschlossen ist, auch den Lauf der Geschichte beeinflussen kann. Bei seiner berühmten Ansprache vor dem Weißen Haus in Washington begann er mit den Worten: „I have a dream" – „Ich habe einen Traum" und rief dadurch eine gigantische Friedensbewegung gegen die Rassenschranken ins Leben. Er erhielt dafür den Friedensnobelpreis.

Und wenn du den Eindruck hast, dass das Leben ein Theater ist, dann suche dir eine Rolle aus, die dir so richtig Spaß macht.

Shakespeare

Unser Leben ist manchmal Komödie, manchmal Tragödie und oft bunt gemischt. Schreiben Sie doch einmal das Drehbuch Ihres Lebens. Sie besitzen alle Fähigkeiten und Talente, um die Hauptrolle zu spielen. Sie spielen in dem „Theater Ihres Lebens" jeden Tag die Hauptrolle. Spielen Sie die Rolle gut und geben Sie sich selbst Applaus, auch wenn sonst keiner Beifall klatscht. Jeden Morgen können Sie sich auf die Schulter klopfen und sagen: „Weiter so!"

Der unehelich geborene Leonardo da Vinci träumte im Alter von 12 Jahren: „Ich werde einer der größten Künstler sein, die die Welt je gesehen hat und eines Tages mit Königen leben und Fürsten wandeln!"

Eine bekannte und erfolgreiche Sängerin hat einmal erzählt: „Als Freunde und Bekannte mir immer wieder sagten, dass mein Traum – eine große Sängerin zu werden – nie in Erfüllung gehen würde, beschloss ich etwas zu tun: Ich suchte mir neue Freunde."

Der Traum von „twin"

Im Alter von 14 Jahren träumte Michaela Sangl (Künstlername „twin", die Künstlerin, die die liebevollen Bilder dieses Buches malte) davon, Sängerin zu werden. Ihre Eltern waren dagegen. Also studierte Michaela erst einmal brav Architektur und Bühnenbild. Aufgrund ihrer Begabung bekam sie bald Stipendien auf der ganzen Welt, bis sie fern der Heimat ein Musikprofessor entdeckte und ihre Stimme kostenlos ausbildete. Heute liest man bereits in der Presse: „Das Münchner Wunderkind aus Neuseeland, mit ihrer glasklaren, unter die Haut gehenden Stimme..."

James Allen drückte das Träumen einmal so aus:

Die größte Errungenschaft war zunächst eine Zeit lang ein Traum. Die Eiche ruht in der Eichel, der Vogel wartet im Ei und in der höchsten Vision der Seele regt sich ein erwachender Engel. Träume sind Keime der Wirklichkeiten.

Wir müssen unsere Vorstellungskraft und unsere Fähigkeit zu träumen pflegen, denn seit Anbeginn der Geschichte kamen die größten Errungenschaften von Träumern.

Welches ist Ihr Traum, der sich wie ein kleiner, roter Faden durch Ihr Leben zieht? Für den es sich lohnt, aufzustehen und etwas zu wagen? Und je näher Ihr Traum den Sternen ist, desto mehr Kraft und Energie steckt in ihm.

Bedenken Sie: Ein Traum bleibt solange ein Traum, bis Sie aufwachen, um ihn zu verwirklichen.

twin

**Träume nicht dein Leben,
sondern lebe deinen Traum.**

Charlie Chaplin

Wo stehe ich und wo will ich hin?

Wer nicht weiß, wohin er will, der braucht sich nicht zu wundern, wenn er ganz woanders ankommt.

Der Anfang der seelischen Reife ist das Nachdenken über sich selbst, über sein Leben und seine Persönlichkeit.

Erkenne dich selbst. Orakel von Delphi

- Wer seinen persönlichen Weg nicht findet, kann ihn nicht gehen.
- Wer seine Chancen nicht erkennt, kann sie nicht nutzen.
- Wer seine Talente nicht weiß, kann sie nicht entfalten.

Stellen Sie sich bitte einmal vor, Sie wären mit Ihrem PKW in einer fremden Stadt unterwegs und suchten auf dem Stadtplan die Straße, wo Sie hinfahren möchten. Was müssen Sie wissen, um dorthin gelangen zu können? Sie müssen Ihren augenblicklichen Standort kennen, sonst werden Sie Ihr Ziel nie erreichen, da Sie nicht wissen, in welche Richtung Sie sich wenden müssen.

So verhält es sich auch im Leben. Erst müssen Sie Ihren Standort kennen, bevor Sie eine Richtung einschlagen.

Nehmen Sie sich einmal jährlich Zeit – vielleicht in einem meiner Seminare – und erstellen Sie schriftlich eine Standort-Analyse Ihres Lebens.

Der unordentlichste Bereich im Leben ist unser Gehirn.

Machen Sie einen geistigen Frühjahrsputz. Räumen Sie Ihr Oberstübchen einmal gründlich auf und verschaffen Sie sich einen Überblick. Durchstöbern Sie Ihr Gedankengebäude wie einen alten Speicher. Ziehen Sie versteckte Gedankenmuster hervor, die Ihnen vielleicht gar nicht bewusst sind. Gerade diese prägen Ihr Verhalten. Gehen Sie in aller Ruhe durch Ihren Gedankenspeicher, sortieren Sie, was Sie behalten möchten und trennen Sie sich von unnützen Gedanken. Betrachten Sie alle Bereiche Ihres Lebens wie Beruf, Familie, Kinder, Gesundheit...

Ihre Standort-Analyse verschafft Ihnen einen klaren Überblick über Ihre Vergangenheit.

Wenn ich klar sehe, bin ich motiviert, fließt Energie. Josef Schmidt

Sie gewinnen dadurch zwei wichtige Erkenntnisse: In einigen Bereichen werden Sie sich sagen: „Ja, das ist in Ordnung!" Herzlichen Glückwunsch!

In anderen Bereichen werden Sie vielleicht erkennen, dass es besser laufen könnte.

Wo möchte ich in meinem Leben hin?

In diesem Fall ist es sinnvoll, sich gedanklich in ein noch weit entferntes Alter zu versetzen und zu überlegen, was Sie dann mit 40, 60, 70 oder 90 Jahren erlebt, erfüllt oder sich angeeignet haben möchten. Schließen Sie schriftlich wieder alle Lebensbereiche ein.

Gedanken sind wie Wolken. Wenn sie vorübergezogen sind, sind sie weg.

Was würden Sie Ihren Enkeln gerne aus Ihrem Leben erzählen können? Was sollte sich bis zu diesem Zeitpunkt erfüllt haben, damit Sie sich mit 99 sagen können: „Jawohl, das war ein spannendes, schönes, erfülltes und erfolgreiches Leben – sicherlich auch mit einigen Rückschlägen, aber wenn ich könnte, würde ich das meiste noch einmal genauso machen. Ich habe die Träume meines Lebens umgesetzt." Wie herrlich muss es sein, zu dieser Erkenntnis zu kommen!

Von Zeit zu Zeit brauchst du einen neuen Standpunkt,
damit du die Welt wieder neu siehst!

Der Mensch im Spiegel

Wenn du wieder einmal alles erreicht hast, was du wolltest, dir jeder anerkennend Lob und Beifall zollt und die Welt dich für einen Tag zum Gewinner macht, dann stelle dich vor diesen Spiegel, betrachte dich darin und höre genau, was der Mensch dir zu sagen hat.

Es ist weder dein Vater, deine Mutter, noch deine Frau oder dein Mann und es sind auch nicht deine Freunde, vor deren Urteil du bestehen musst. Der Mensch, der für dich jetzt am meisten zählt, ist der, der dich gerade aus dem Spiegel anschaut.

Viele Menschen halten dich für entschlossen und aufrecht. Sie nennen dich einen wundervollen Mann oder eine fantastische Frau, doch der Mensch im Spiegel nennt dich schlicht einen Versager, wenn du ihm ehrlich und offen in die Augen sehen kannst.

Auf ihn und nur allein auf ihn kommt es an. Kümmere dich nicht um die anderen, denn nur er ist bis ans Ende deiner Tage stets bei dir. Du hast erst dann die schwierigste aller Prüfungen wirklich bestanden, wenn der Mensch im Spiegel dein bester Freund geworden ist.

Auf deinem ganzen Lebensweg kannst du die Welt betrügen und belügen und dir anerkennend auf die Schulter klopfen lassen, doch dein Lohn werden Kummer, Trauer und Schuldgefühle sein, wenn du den Menschen im Spiegel betrogen, belogen oder enttäuscht hast.

Hier siehst du den Menschen, der für dein Leben verantwortlich ist. Er kennt alle Geheimnisse, um dich lebensfroher, gesünder, gelassener und erfolgreicher zu machen.

Wer einmal sich selbst gefunden hat,
der kann nichts auf dieser Welt mehr verlieren.

Stefan Zweig

Vision ist die Kunst, in die Zukunft zu sehen

Stellen Sie sich dieses Buch vor ca. fünf Jahren vor. Damals gab es nichts, außer einer Idee. Ich habe auch die Steine, die auf dem Weg dorthin lagen, noch nicht sehen können. Damals habe ich nur das Ende des Weges gesehen, und das Buch, das Sie gerade in Händen halten, ist ein Teil dieses Weges.

Je näher Ihr Ziel bei den Sternen ist, desto mehr Kraft und Energie steckt in ihm.

Eine Seminarteilnehmerin musste im Alter von 45 Jahren noch einmal ganz von vorne beginnen. Sie besaß ein kleines Häuschen in Bad Wörishofen und hatte 1979 eine Vision: Sie wollte ein vegetarisches, ganzheitliches Kurhotel führen, damals eine eher ungewöhnliche Idee. Freunde und Bekannte warnten sie: „Wer will sich schon vegetarisch ernähren? Mit Körnerfressern und Gesundheitsseminaren ein Hotel zu füllen – das geht niemals gut, davon kannst du nie leben!" Sie aber erkannte bereits das Ende des Weges. Vor ihrem geistigen Auge sah sie Menschen, die durch den Aufenthalt in ihrem Hotel wieder gesund und strahlend nach Hause fuhren. Sie begann damals, ihr kleines Gästezimmer zu vermieten. Heute, nach 20 Jahren, ist daraus ein 70-Betten-Haus geworden, und ihr Kurhotel „Bayernwinkel" ist trotz der Gesundheitsreform bestens besucht. Wilhelmine W. hat ihre Berufung, ihr Lebensziel gefunden und verwirklicht.

Mit 63 Jahren hat sie nochmals einen größeren Kredit aufgenommen, um ihr Haus erneut zu erweitern. Auf meine Frage, wann sie denn in Rente gehen würde, antwortete sie mir: „Darüber denke ich überhaupt nicht nach. Ich kann mir nichts Schöneres vorstellen! Wenn Menschen durch mich gesünder und glücklicher geworden sind, heißt es für mich, nicht umsonst gelebt zu haben."

Ziele geben unserem Leben Sinn.

Ein klares Ziel ist wie Rückenwind und Sonnenschein. Die Sonne zieht uns zum Ziel, und der Rückenwind treibt uns voran.

Das Ziel hat die Wirkung eines Magneten. Es zieht uns an. Gleichzeitig sorgt unser Unterbewusstsein für den nötigen Rückenwind.

Nehmen wir als Beispiel das Wartezimmer eines Arztes. Lustlos und unkonzentriert blättern Sie in einer Illustrierten. Auf einmal gehen Sie unbewusst zwei Seiten zurück. Da war doch etwas auf Seite xy, das Ihr Unterbewusstsein angesprochen hat. Ihr Bewusstsein hat es gar nicht bemerkt, es hat Sie weiterblättern lassen. Doch warum rief Ihr Unterbewusstsein „STOP"? Es hatte einen interessanten Artikel entdeckt, der mit Ihrer persönlichen Zielvision zu tun hatte.

Durch diese Magnetwirkung nehmen wir „aus dem Augenwinkel" Hilfen wahr, die uns viele Chancen bieten.

Wer sein Ziel nicht kennt, wird den Weg nicht finden.

Wie finden Sie eigene Ziele?

Versuchen Sie es doch mit dem klassischen „Nachruf". Fragen Sie sich, was Freunde und Bekannte von Ihnen erzählen sollen, wenn Sie nicht mehr leben.

Eine weitere Möglichkeit ist das Suchen nach Vorbildern. Fragen Sie sich beim Lesen eines Buches, beim Fernsehen oder in anderen Situationen, welche Eigenschaften, Talente, Gewohnheiten und Charakterstärken dieser Personen Sie selbst gerne hätten oder bereits haben. Denken Sie dabei auch an Menschen, denen Sie täglich begegnen.

Du hast die Kraft, jedes Ziel zu erreichen!

Wann fängst du an,
dir ein Bild von deiner Zukunft zu machen?

Wenn du ein Schiff bauen willst,
dann rufe nicht die Menschen zusammen,
um Holz zu sammeln,
Aufgaben zu verteilen
und die Arbeit einzuteilen,
sondern lehre den Männern die Sehnsucht
nach dem weiten endlosen Meer.

Antoine de Saint-Exupéry

Setze deinen Kurs
nach weit entfernten Sternen
und nicht nach den Lampen anderer Schiffe.

Knut Utsein Kloster

Setzen Sie Ihre Entscheidungen in die Tat um

Ich schlief und träumte, das Leben sei Freude; Ich erwachte und sah, das Leben ist Pflicht. Ich tat meine Pflicht und siehe, das Leben ward Freude. Tagore

Michelangelo, einer der größten Maler und Bildhauer überhaupt, bemerkte einmal: „Wenn die Menschen wüssten, wie hart ich arbeiten musste, um diese Meisterschaft zu erlangen, erschiene sie ihnen überhaupt nicht mehr wunderbar."

Wenn Sie sich verändern wollen, müssen Sie sich des wichtigen Umstandes bewusst sein, dass Veränderungen immer auf Widerstand stoßen. Unsere Entschlossenheit wird dabei immer wieder auf die Probe gestellt.

Nehmen wir einmal an, sie haben sich entschlossen, ab sofort eine Diät zu beginnen. Sie werden merken, dass es nicht lange dauert, bis zum Beispiel eine Einladung zum Abendessen eintrifft oder eine Kollegin anlässlich ihres Geburtstages ein Festessen gibt.

Jede Veränderung wird besonders am Anfang hart auf die Probe gestellt.

Angenommen, Sie beschließen, mehr zu sparen. Den geplanten Wochenendausflug mit ihren Freunden sagen Sie ab, dadurch können Sie 200 DM sparen. Aber noch am gleichen Tag merken Sie, dass der Kundendienst Ihres Autos längst fällig wäre, die Waschmaschine kaputtgeht, die Schuhe des Sohnes drücken und seine Hosen „über Nacht" zu kurz wurden.

Was bestimmt nun letztendlich, ob wir durchhalten und wohin wir in unserem Leben gehen?

Die Antwort ist: Unsere Entscheidungen!

Durch Entscheidungen gestaltet sich unsere Zukunft.

Nicht die Bedingungen lenken unser Schicksal, sondern unsere Entschlüsse.

Wir alle sind mit den nötigen Eigenschaften ausgestattet, alles zu erreichen, wovon wir jemals geträumt haben.

Jede Entscheidung öffnet oder schließt eine Türe zu Ihrem Ziel. Treffen Sie immer die Entscheidungen, die nötig sind, um Ihre positiven Ziele zu erreichen.

Die Qualität Ihrer Entscheidungen bestimmt die Qualität Ihrer Ziele. Josef Schmidt

Seien Sie sich bewusst:

Alles, was Sie tun, hat eine Auswirkung auf das ganze System – gleichermaßen aber auch alles, was Sie nicht tun.

Es ist nicht genug zu wissen, man muss es auch anwenden. Es ist nicht genug zu wollen, man muss es auch tun. Goethe

Wir können große Träume und Gedanken wahr werden lassen, das ist allein unsere Entscheidung. Wir können unser Leben auch erleiden, das ist auch unsere Entscheidung. Sich nicht zu entscheiden, ist ebenfalls eine Entscheidung.

Je mehr Entscheidungen Sie treffen, um so besser werden Sie auch darin. Muskeln werden durch Gebrauch stärker – genauso verhält es sich mit Ihrer Entscheidungskraft.

Entschlüsse werden oft auf eine harte Probe gestellt.

Der Glaube, der Berge versetzt

Dr. Henry Peatcher von der Harvard-Universität führte ein Experiment mit 100 Medizinstudenten durch. Die eine Hälfte der Studenten sollte rote Tabletten einnehmen, die laut Dr. Peatcher ein hochwirksames Schlafmittel seien. Die andere Hälfte der Studenten erhielt blaue Tabletten mit der Erklärung, dass diese hochwirksame Aufputschmittel wären. Was die Studenten allerdings nicht wussten, war, dass das Schlafmittel in Wirklichkeit ein Aufputschmittel war und umgekehrt. Das Ergebnis: 50 % aller Medizinstudenten erfuhren genau die Wirkung, an die sie glaubten.

Merkwürdig, unglaubwürdig?

In der Medizin kennen wir den Placebo-Effekt. Der Arzt verordnet wirkungslose Traubenzuckertabletten, lässt den Patienten jedoch glauben, ein hochwirksames Medikament einzunehmen. Auch hier erfährt der Patient die Wirkung, an die er glaubt.

Es gibt Menschen, die glauben, immer dann, wenn sie einen Parkplatz suchen, sind gerade alle belegt. Und sie haben Recht: Es sind tatsächlich alle belegt. Es gibt aber auch Menschen, die glauben, immer wenn sie einen Parkplatz brauchen, wartet ihr Wunschparkplatz auf sie. Und sie haben „Glück": Der Parkplatz ist frei!

Was immer Sie glauben, Sie haben Recht!

Glaubenssätze können unser Leben beflügeln oder behindern. Schon Jesus sagte: „Euch geschehe nach eurem Glauben!"

Wer glaubt, ein erfolgreicher Mensch zu sein, der verhält sich wie ein erfolgreicher Mensch und wird auch ein solcher werden. Wer aber glaubt, eine Niete zu sein, der verhält sich entsprechend und wird zur Niete.

Und woran glauben Sie?!

Negative Glaubenssätze über sich:

- Das habe ich noch nie gekonnt!
- Dazu bin ich zu alt, zu unerfahren...!
- Aber bei mir funktioniert das nicht!
- Ich habe einfach nie Zeit für...!
- Niemand versteht mich wirklich!

Positive Glaubenssätze über sich:

- Das schaffe ich!
- Jedes Problem ist auch eine Chance!
- Es gibt keine Misserfolge, nur Ergebnisse!
- Egal was passiert, ich falle immer wieder auf die Füße!

Negative Glaubenssätze über andere:

- Alle wollen mich über den Tisch ziehen!
- Männern/Frauen kann man einfach nicht trauen!
- Der/die wird sich nie ändern!

Positive Glaubenssätze über andere:

- Jeder Mensch bemüht sich. Ich erwische ihn dann, wenn er es besonders gut macht!
- Niemand macht absichtlich Fehler!
- Kontrolle ist gut, Vertrauen ist besser!

Glauben Sie nur das Beste von sich und anderen.

Wie kann man etwas glauben, was man gar nicht glauben kann? Angenommen, Ihr Kind geht Ihnen seit längerem auf die Nerven. Dann tun Sie doch einfach eine Woche lang so, als ob es das liebenswürdigste Kind der ganzen Welt wäre. Und Sie werden in dieser Woche viele Beweise dafür finden, dass es wirklich so ist!

Ersetzen Sie einen negativen Glaubenssatz einfach durch einen positiven.

Ihr Glaube kann Berge versetzen. Er kann Menschen und die Welt verändern. Und Sie auch!

Hunderttausend Menschen auf dem Potsdamer Platz.
Eine Cola-Dose fliegt in die Menge.
Und wen glaubst du, trifft Sie am Kopf?
Mich, ausgerechnet mich...

Egal, was du glaubst, du hast auf jeden Fall Recht.

Unser Leben ist das, was unser Glaube daraus macht

Es war einmal... ein Mann in Amerika. Er wohnte an einer Überlandstraße und verdiente sich seinen Lebensunterhalt mit dem Verkauf von Hotdogs am Straßenrand. Er las selten Zeitung, sah selten fern und hörte fast nie Radio. Sein Kontakt zur weiten Welt war nicht sehr gut. Sehr gut aber waren seine Hotdogs, die er verkaufte. Er stellte Schilder an der Straße auf und rief: „Wie wäre es mit einem Hotdog?" Das Geschäft ging gut. Er erhöhte stetig seine Bestellung an Würstchen, Brötchen und Limonade. Er kaufte sich einen größeren Ofen, um mit dem wachsenden Geschäft Schritt halten zu können. Schließlich brauchte er einen Helfer.

Eines Tages kam sein Sohn, der am College Betriebswirtschaft studierte, zurück. Und da geschah es. „Sag, Dad, hast du es noch nicht im Radio gehört? Nicht gelesen? Die Zeiten werden hart. In Europa haben sie schon eine riesige Rezession. Bald erwischt es uns hier in Amerika."

Der Vater dachte sich, dass der Sohn viel von der Sache verstünde, schließlich war er auf dem College. Der musste es ja wissen. Daraufhin stellte er keinen Helfer ein, drosselte seine Bestellungen, nahm seine Reklametafeln herein. Er sparte sich die Mühe, die Hotdogs den Autofahrern an der Straße anzupreisen und praktisch von heute auf morgen brach das Geschäft zusammen. „Du hast Recht Junge, wir befinden uns wirklich in einer grauenvollen Rezession."

Niels Bohr, der dänische Physiker, wurde eines Tages von einem Besucher gefragt, wieso er als Naturwissenschaftler ein Hufeisen über der Tür seines Hauses angebracht habe. Ein Nobelpreisträger und solch ein Aberglaube! Er könne doch schon von Berufs wegen nicht an dessen glücksbringende Kraft glauben. Seine Antwort: „Ich glaube selbstverständlich nicht daran. Aber mir wurde glaubhaft versichert, dass es auch hilft, wenn man nicht daran glaubt."

Wünsche sind Bestellungen an das Universum

Stellen Sie sich vor, es gäbe das Versandhaus Wunschlos-glücklich-GmbH. Dort können Sie alles bestellen, was Ihr Herz begehrt. Sie rufen an und sagen: „Hallo, mein Name ist... Ich hätte eine Bestellung aufzugeben. Also bitte, senden Sie mir einen Batzen Geld, den brauche ich ganz dringend. Dann hätte ich gerne noch ein Pfund Dynamik und, ach ja, am schnellsten müssen Sie mehr Harmonie für meine Partnerschaft liefern. Außerdem schicken Sie mir bitte noch einen roten Pullover."

Die Dame in der Bestellannahme würde fragen: „Können Sie sich bitte etwas konkreter ausdrücken? Wir haben hellrote, dunkelrote, taillierte, lange und kurze Pullover. Welche Größe brauchen Sie?"

Fülle deinen Wunschzettel genau aus, sonst brauchst du dich nicht zu wundern, wenn du etwas ganz anderes geliefert bekommst!

Bestellzettel, die ausführlich und sorgfältig ausgefüllt wurden, werden mit der Chance auf prompte und korrekte Lieferung belohnt. Unvollständig ausgefüllte Bestellungen werden ebenso unvollständig geliefert, oder kommen überhaupt nicht an.

In einer Fernseh-Sendung stellte Bärbel Mohr ihr Buch vor (Bestellungen beim Universum). Außerdem berichtete sie darüber, wie sie den Bestellservice an das Versandhaus „Universum" entdeckte:

„Das Ganze fing vor einigen Jahren mit einer Freundin an. Ich gab dort eine Testbestellung auf. Ich wünschte mir einen Mann. Ich stellte einen 9-Punkte-Plan auf, wie dieser Mann sein sollte: Vegetarier, Antialkoholiker, Nichtraucher, usw. Zudem legte ich ein Lieferdatum fest – nämlich in einer bestimmten Woche, etwa drei Monate später. Die besagte Woche kam, und die Lieferung erfolgte prompt und komplett – mit allen neun Punkten. Wahnsinn, dachte ich und geriet in einen Bestellrausch."

Nachdem sie sich später von dem 9-Punkte-Mann wieder getrennt hatte, wünschte sie sich einen 15-Punkte-Mann, der ebenfalls prompt geliefert wurde, danach folgte ein 25-Punkte-Mann!

Logisch und statistisch gesehen klingt die Sache recht unwahrscheinlich, ist aber ein Ausprobieren durchaus wert.

Wichtig ist, dass Sie Ihre Wünsche positiv formulieren wie z. B.: Ich wünsche mir nicht wieder so einen langweiligen Job! Sondern: Ich wünsche mir zum 1.1.2001 eine Assistentenstelle, bei der ich genug verdiene und wo ich die Möglichkeit zur Weiterbildung habe.

Hier noch einmal die Vorgehensweise:

1. die Vorstellung, was Sie möchten
2. eine präzise und positive Formulierung
3. die Zuversicht, dass der Wunsch in Erfüllung geht

Schau´ ma´ mal! Franz Beckenbauer

Lassen Sie sich einfach überraschen!

Für den Anfang bei Kleinkram-Bestellungen genügt es, offen für die Möglichkeit zu sein, dass es funktionieren könnte. Fangen Sie einfach mit kleinen und unbedeutenden Bestellungen zu üben an, wie beispielsweise dem Wunsch nach einem idealen Parkplatz. Hat es einmal funktioniert, wächst Ihr Vertrauen. Und wenn Ihr Vertrauen größer ist, verwirklichen sich Ihre Wünsche schneller.

Wünsche sind
Bestellungen an das Versandhaus Universum.
Sei vorsichtig mit dem was du dir wünscht,
es könnte in Erfüllung gehen.

Du bist einmalig

Dazu die Geschichte von einem intelligenten, jungen Rabbiner, der seinem nicht minder intelligenten Rabbi-Vater nachfolgt:

Die Leute sagten zu ihm: „Rabbi, du bist ja ganz anders als dein Vater!" Da lachte der Junge: „Ich bin genau wie mein Vater! Mein Vater ahmte niemanden nach, und ich ahme niemanden nach. Er war keine Kopie, und ich auch nicht." Das heißt, lebendig zu sein, einmalig zu sein. Sei du selbst! Hüte dich, das Verhalten der Großen nachzuahmen, wenn du nicht die innere Einstellung hast, die ihr Handeln inspirierte.

Sei anders als die anderen – sei besser als die anderen – sei ganz du selbst!

Ca. sechs Milliarden Menschen leben auf der Welt, und keiner gleicht völlig dem anderen. Wir Menschen sind nicht maschinell hergestellt, sondern Individuen.

Jeder Mensch ist Mittelpunkt seiner Welt, wohl wissend, dass jeder andere auch Mittelpunkt seiner Welt ist. Albert Schweitzer

Fühlen Sie sich in Ihrer Welt einfach wohl. Bedenken Sie aber, dass der andere auch das Recht hat, in seiner Welt zu leben. Verlangen Sie von niemandem, so zu denken oder zu handeln wie Sie es tun.

Belasten Sie sich nicht mehr damit nachzufragen, was andere über Sie sagen oder denken. Dann wird die Liebe beginnen.

Die erste Maßnahme der Liebe besteht darin, einen individuellen Menschen oder eine bestimmte Sache so zu akzeptieren, wie sie ist.

Übe dich so lange darin, einen Menschen zu lieben, bis du ihn wirklich liebst!

In Deutschland wird jede dritte Ehe geschieden. Die Gründe dafür sind vielfältig. Eine Garantie für das Scheitern einer Ehe ist eine Liebe, die an Bedingungen geknüpft ist.

Hier ist Liebe wie eine Währung – wie Geld.

Wer sehr gut und sehr viel arbeitet, erhält mehr Geld als derjenige, der nicht so gut und viel arbeitet. Jemand, der die Erwartungen der anderen erfüllt und sich einer Person gegenüber verhält, wie diese es sich wünscht, bekommt viel mehr freundliche Worte, mehr Akzeptanz und mehr Lächeln, weil es für den Egoismus der anderen Person eben gut ist, wenn er sich so verhält.

Damit wird diese Psycholiebe zur Währung, was in vielen Beziehungen der Fall ist. Die eigentliche Liebe würde ja heißen, das totale Akzeptieren des anderen in seiner Einzigartigkeit, so wie er oder sie ist – ohne zu fordern, dass er oder sie anders sein sollte – also eine bedingungslose Liebe.

Doch was praktizieren wir oft?

Wenn du so bist, wie ich dich haben will, dann liebe ich dich.

Wenn du tust, was ich von dir verlange, dann kannst du alles von mir haben.

Wir lieben um so weniger, je mehr wir erwarten.

Stellen Sie sich einmal vor, Sie lieben ohne zu urteilen, ohne zu vergleichen, ohne zu erwarten – so wie Sie die Naturschönheiten lieben.

Ein wunderbarer Zustand, der nur durch bedingungslose Liebe möglich ist.

Ich liebe dich, weil du bist, wie du bist.

Nur wenn der Satz wirklich so gemeint ist, kommen Sie der wahren Liebe ein Stück näher.

Versuche niemals,
jemanden zu dem zu machen, was du bist!
Du weißt es und der liebe Gott weiß es auch:
Einer von „deiner Sorte" ist genug!

Es gibt nur eine Großmacht im Kosmos, das ist die Liebe

Pflicht ohne Liebe macht verdrießlich
Verantwortung ohne Liebe macht rücksichtslos
Gerechtigkeit ohne Liebe macht hart
Wahrheit ohne Liebe macht kritiksüchtig
Erziehung ohne Liebe macht widerspruchsvoll
Freundlichkeit ohne Liebe macht heuchlerisch
Ordnung ohne Liebe macht pedantisch
Sachkenntnis ohne Liebe macht rechthaberisch
Macht ohne Liebe macht brutal
Ehre ohne Liebe macht hochmütig
Besitz ohne Liebe macht geizig

Die wichtigste Stunde in unserem Leben
ist immer der gegenwärtige Augenblick;
der bedeutsamste Mensch
in unserem Leben ist immer der,
der uns gerade gegenübersteht;
das notwendigste Werk in unserem Leben
ist stets die Liebe.

Leo Tolstoi

Die Kunst zu lieben

Das Gegenteil von Liebe ist nicht Hass, sondern Gleichgültigkeit. Elisabeth Lukas

Beim befreundeten Therapeuten

Ehemann: *„Ich mache mir wirklich Sorgen. Meine Frau und ich haben einfach nicht mehr die gleichen Gefühle füreinander wie früher. Ich glaube, ich liebe sie einfach nicht mehr und sie mich auch nicht mehr."*
Therapeut: *„Das Gefühl ist nicht mehr da?"*
Ehemann: *„Richtig! Und wir haben zwei Kinder, um die wir uns sorgen. Kannst du mir einen Tipp geben?"*
Therapeut: *„Liebe sie!"*
Ehemann: *„Aber ich sagte doch, das Gefühl ist einfach nicht mehr da!"*
Therapeut: *„Liebe deine Frau!"*
Ehemann: *„Du verstehst nicht. Das Gefühl der Liebe ist einfach nicht mehr da."*
Therapeut: *„Dann liebe sie. Wenn das Gefühl nicht mehr da ist, dann ist das ein guter Grund, sie zu lieben."*
Ehemann: *„Aber wie liebt man denn, wenn man nicht mehr liebt?"*
Therapeut: *„Lieben ist ein Tunwort, etwas was getan werden muss. Lieben – das Gefühl – ist die Frucht des Liebens, des Tuns. Also liebe sie. Diene ihr, bringe Opfer. Höre ihr zu. Fühle mit ihr. Schätze sie. Bestätige sie. Danke ihr. Bist du dazu bereit?"*

Lieben heißt geben, aber auch annehmen!

Liebe ist kein Gefühl, sie ist eine Entscheidung, die man Tag für Tag aufs Neue trifft. Jim Priest

Zwei Menschen haben sich ineinander verliebt, Schmetterlinge flattern im Bauch. Zärtlichkeiten, Nettigkeiten, Liebe, Träume und Leidenschaften werden ausgetauscht. Für jedes Treffen macht man sich besonders schick. Die unangenehmen Eigenschaften des anderen sehen wir nicht oder wollen wir nicht sehen. So genießen wir das zauberhafte Gefühl, verliebt und glücklich zu sein. Doch im allgemeinen hält dieser Zustand nicht lange an.

Barbara de Angelis hat in jahrelangen Studien ernüchternd herausgefunden:

Der Zustand des Verliebtseins währt im günstigsten Fall vier Jahre.

Danach sind nicht mehr nur die Gefühle der Grund für ein Zusammenleben, sondern allein die Entscheidung, zusammenbleiben zu wollen.

Ob aus einer Verliebtheit Liebe werden kann, entscheidet sich sehr schnell, und zwar in dem Moment, in dem wir mit der rauhen Wirklichkeit konfrontiert werden.

Es gibt kaum eine Aktivität, kaum ein Unterfangen, das mit so ungeheuren Hoffnungen und Erwartungen begonnen wird und das mit einer solchen Regelmäßigkeit fehlschlägt wie die Liebe.

Erich Fromm

Inzwischen werden 80% der Trennungen von Frauen eingereicht, mit der Begründung, ihre Bedürfnisse würden nicht erfüllt und sie fühlten sich nicht geliebt.

Deshalb fragen Sie sich:
Bin ich meinem Partner ein guter Partner?

Viele Männer graben nach ihrem Schatz
und übersehen dabei, dass er vor ihnen sitzt!

Was die Menschen trennt,
ist gering, gemessen an dem,
was sie einen könnte.

Halldór Laxnes

Eine Ehe gleicht nicht dem sicheren Hafen,
in den man einläuft.
Es ist eine lebenslange Fahrt
– ein lebenslanges Abenteuer –
in teils ruhiger, teils stürmischer See
und an jedem Tag muss man daran arbeiten,
dass das Schiff seetüchtig bleibt
und nicht vom Kurs abkommt.

Adelheit Heußner

Verliebtheit und Liebe sind zweierlei

Ein Weiser hörte geduldig die Klagen einer Frau über ihren Mann an. Schließlich sagte er: „Eure Ehe wäre glücklich, wenn du eine bessere Ehefrau wärst." „Und wie könnte ich das sein?" „Indem du dich nicht länger anstrengst, ihn zu einem besseren Ehemann zu machen."

Die meisten Frauen setzen alles daran, einen Mann zu ändern; und wenn sie ihn verändert haben, mögen sie ihn nicht mehr.

Marlene Dietrich

Früher war es bei den Chinesen üblich, dass die Eltern die Kinder verheirateten – eine Sitte, die bei vielen asiatischen Völkern seit Jahrhunderten praktiziert wird. Erstaunlicherweise gibt es oder gab es dort viel mehr glückliche Ehen als bei uns im Westen. Die Chinesen vergleichen die Ehe mit einem Topf Wasser. Sie sagen, im Westen ist es wie mit einem Topf heißen Wasser: Sobald er vom Ofen genommen wird, erkaltet er langsam. Bei uns ist das anders: Wir setzen einen Topf mit Wasser auf eine beständige Flamme der gegenseitigen Achtung, der Bewunderung, der gemeinsamen Aufgabe, und allmählich erwärmt man sich füreinander – und es entsteht Liebe.

Eine ideale Kombination wäre allerdings, wenn westliche Verliebtheit und östliche Wertschätzung zusammenträfen.

Mann und Frau sind das Erfolgsteam der Evolution.

Gertrud Höhler

Studien zeigen, dass Menschen, die in einer Partnerschaft leben, glücklicher und zufriedener sind als Singles. Ihre Persönlichkeit ist stärker, sie sind optimistischer und haben mehr Erfolg. Die Institution Ehe ist keine lebenslange Haft, sondern eine exzellente Möglichkeit, um zwei Menschen zu einem starken Team werden zu lassen.

Das 21. Jahrhundert wird das Zeitalter der Paare, so die Prognose der bekannten Zukunftsforscherin Faith Popcorn: Die Zahl der Trennungen wird langfristig sinken, denn die Menschen werden begreifen, dass eine feste Partnerschaft ihnen das bietet, wonach sie sich sehnen: Stabilität, Geborgenheit und Vertrauen.

Um stabil zu bleiben, braucht eine gute Partnerschaft zwei Grundpfeiler:

- gegenseitige Achtung
- mindestens ein gemeinsames Ziel.

Fehlt eines der beiden Kriterien, hat die Partnerschaft langfristig wenig Chancen zu überleben, selbst wenn die Liebe anfangs noch so groß war.

Natürlich gibt es Menschen, die immer im Zustand der Verliebtheit leben wollen – fern der Realität. Sobald aber der Zauber nachlässt, sind sie enttäuscht. Sie suchen einen neuen Partner und verlieben sich aufs Neue, von einer Hoffnung zur anderen. Es gibt Menschen, die ständig verliebt waren, aber ihr ganzes Leben lang die Liebe nie kennengelernt haben.

So ein Verliebter ist mit einem Schmetterling vergleichbar, der von einer Blüte zur anderen flattert, doch niemals erleben kann, wie eine Frucht reift.

Das Verliebtsein ist wie eine Blüte von kurzer Dauer, sie sieht bezaubernd aus, aber sie ist bald verwelkt. Die eigentliche Aufgabe einer Blüte ist, eine Frucht hervorzubringen!

Nutzen Sie die Zeit des Verliebtseins, um in gegenseitiger Bewunderung und Achtung gemeinsame Ziele zu finden, durch die die Liebe ständig aufs neue wächst.

Viele Frauen suchen ihren Traummann in den Sternen
und übersehen dabei, dass er vor ihnen steht.

Wie ich dir begegnen möchte

Ich möchte
dich lieben, ohne dich einzuengen,
dich wertschätzen, ohne dich zu bewerten,
dich ernstnehmen, ohne dich auf etwas festzulegen,
zu dir kommen, ohne mich dir aufzudrängen,
dich einladen, ohne Forderungen an dich zu stellen,
dir etwas schenken, ohne Erwartungen daran zu knüpfen,
mich von dir verabschieden,
ohne Wesentliches versäumt zu haben,
dir meine Gefühle mitteilen,
ohne dich dafür verantwortlich zu machen,
dich informieren, ohne dich zu belehren,
dir helfen, ohne dich zu beleidigen,
mich um dich kümmern, ohne dich verändern zu wollen,
mich an dir freuen – so wie du bist!

Alter englischer Wandspruch

Liebe ist der Entschluss,
das Ganze eines Menschen zu bejahen,
die Einzelheiten mögen sein
wie sie wollen.

Otto Flake

Männer haben Stärken – Frauen haben Stärken – gemeinsam sind sie ein starkes Team

Viele Frauen erwarten von ihren Männern, dass sie fühlen und handeln wie Frauen. Viele Männer erwarten von ihren Frauen, dass sie denken und reagieren wie Männer.

Statt gegenseitig die Stärken und unterschiedlichen Vorzüge wertzuschätzen, neigen wir zu Intoleranz und Kritik. Die gegenseitige Zuneigung geht so allmählich verloren.

In einem Seminar lernte ich ein Ehepaar kennen, wie es unterschiedlicher nicht hätte sein können: Er war sehr gebildet, dominant, zielorientiert und benutzte eine klare, rationale Sprache. Sie war eine warmherzige, kluge, liebevolle, kreative und mitteilsame Frau.

Beim Mittagessen erzählten sie mir, dass sie ernsthaft eine Trennung erwägten, aber dieses Seminar noch abwarten wollten. Vorwurfsvoll erklärte er: „Meine Frau ist nicht in der Lage, sich einmal logisch und klar auszudrücken. Sie mit ihrer Gefühlsduselei." Worauf sie beleidigt erwiderte: „Wenn du nur einmal richtig zuhören würdest! Du kannst und willst mich einfach nicht verstehen." Irgendwann haben sie dann aufgehört, miteinander zu reden.

**Er spricht von Fakten,
sie spricht von Gefühlen.**

Nachdem ihr jüngstes Kind in die Schule gekommen war, hatte er seine Frau gebeten, mit in der Firma zu arbeiten. Dies war ein großer Fehler, der beiden im Seminar bewusst wurde. Seine Frau sollte ihm Arbeiten abnehmen, die er bisher verrichtet hatte. Dazu zählten Computerarbeiten, Lagerverwaltung und Buchhaltung. Für seine Partnerin war dies eine fürchterlich langweilige und stupide Tätigkeit. Er hatte sie extra dort eingesetzt, damit sie durch ihre „Gefühlsduselei" die anderen Mitarbeiter nicht von der Arbeit abhielt. Nie war ihre Partnerschaft unglücklicher als in dieser Zeit. Seine Frau verlor immer mehr an Selbstbewusstsein und Selbstwertgefühl.

**Ich bin nicht die Nelke, die das Knopfloch meines Mannes schmückt.
Mein Mann und ich sind ein Team.**

Christiane Herzog

Nach einem Persönlichkeitsprofil, das beide anfertigen ließen, fiel es ihnen wie Schuppen von den Augen: Sie erkannten durch diese Grafik, dass sie beide „das optimale Team" sind und sich hervorragend ergänzen.

Sie war dort stark, wo er schwach war, und er hatte dort Stärken, wo sie Schwächen hatte.

Jetzt sahen sie sich plötzlich mit anderen Augen. Ihr Fehler war nur, dass sie die Talente, Fähigkeiten und Andersartigkeit des Partners nicht mehr erkannt und wertgeschätzt hatten. Im Seminar erfuhr er, wie wertvoll eine herzliche, kommunikative Person für den Sympathiewert einer Firma sein kann. Hier hatte seine Frau ungewöhnliche Stärken. Noch während des Seminars beschlossen beide, ihre Aufgabengebiete entsprechend ihrer Stärken einzuteilen.

Sie wertschätzten jetzt die Andersartigkeit und entdeckten gegenseitig den Zauber der Liebe neu. Händchenhaltend und turtelnd verließen sie das Seminar. Sie hatten jetzt ein neues, gemeinsames Ziel: Eine glückliche Partnerschaft!

Die Frau wurde bald zum Kommunikationsknotenpunkt der Firma. Sie hatte den subjektiven Überblick, er den objektiven.

Wenn Männer und Frauen in der Lage sind, sich gegenseitig zu respektieren und ihre Unterschiede anzunehmen, hat die Liebe wieder eine Chance.

John Gray

Schwäne

Schwanenpaare bleiben ein Leben lang zusammen.
Was der Mensch als „Stolz" des Schwanes
bewundert, ist in Wahrheit die überlegene Gelassenheit
eines klugen Tieres, das sich auf seinen
Partner und seine Familie 100%ig verlassen kann.
Das bedeutet indes nicht, dass sich Herr
und Frau Schwan ständig auf der Pelle hocken.
Sie gehen meist einzeln ihren Arbeiten nach und im
Winter trennen sie sich für mehrere Wochen.
Aber dann finden sie wieder zusammen und ersparen
sich viel Stress und Energie im Vergleich zu
anderen Vogelarten, bei denen in jedem Frühling die
nervenaufreibende Balzzeit beginnt.

Küstenmacher

Von der Ehe

Khalil Gibran machte sich schon vor 100 Jahren Gedanken,
wie eine erfüllte Liebe und Partnerschaft aussehen könnte.

Ihr wurdet zusammen geboren und ihr werdet auch immer zusammen sein.
Ihr werdet zusammen sein, wenn die weißen Flügel des Todes eure Tage scheiden.
Ja, ihr werdet selbst im stummen Gedenken Gottes zusammen sein.
Aber lasst Raum zwischen euch.
Und lasst die Winde des Himmels zwischen euch tanzen.
Liebt einander, aber macht die Liebe nicht zur Fessel.
Lasst sie eher ein Wogen zwischen den Ufern eurer Seelen sein.
Füllt einander den Becher, aber trinkt nicht aus einem Becher.
Gebt einander von eurem Brot, aber esst nicht vom selben Laib.
Singt und tanzt zusammen und seid fröhlich, aber lasst jeden von euch allein sein,
so wie die Saiten einer Laute allein sind und doch von derselben Musik erzittern.
Gebt eure Herzen, aber nicht in des anderen Obhut.
Denn nur die Hand des Lebens kann eure Herzen umfassen.
Und steht zusammen, doch nicht zu nah:
Denn die Säulen des Tempels stehen für sich,
und die Eiche und die Zypresse wachsen nicht im Schatten der anderen.

Khalil Gibran

Wenn wir Partnerschaften in einer Metapher als Tempelsäulen darstellen, könnte man diese Partnerschaftsvariante als die häufigste bezeichnen. Zwei Menschen versuchen zu einer Tempelsäule zu verschmelzen, der sogenannten romantischen Liebe.

Das heißt, jeder muss eine Hälfte seiner Persönlichkeit aufgeben, damit beide ein Ganzes werden können. Gibran meint dazu, dass dies auf Dauer nicht funktionieren kann.

Das Tempeldach, das symbolisch die Liebe, aber auch die Aufgaben des Alltages und die Stürme des Lebens darstellt, erlangt durch eine einzige Säule wenig Stabilität.

Eine stabile Partnerschaft braucht zwei stabile Partner

Eine erfüllte, dauerhafte Liebe in einer Partnerschaft wäre wie zwei Tempelsäulen. Jeder muss für sich selbstständig stehen können. Die Partnerschaft besteht in dem Tempeldach, das die beiden gemeinsam aufbauen und tragen (gemeinsame Ziele, Aufgaben, Kinder).

Zwei eigenständige Tempelsäulen gewährleisten die maximale Stabilität, so dass ihnen auch die Stürme des Lebens nichts anhaben können. Dazu trägt jede Säule kontinuierlich das ihrige bei. Jeder Partner ist und bleibt ein eigenständiger Mensch.

Männer stammen vom Mars

Eine These von Dr. John Gray lautet wie sein Buch „Männer sind anders – Frauen auch". Sie basiert darauf, dass Männer ursprünglich vom Mars stammen und Frauen von der Venus. Ich habe sie ein bisschen abgewandelt.

Stellen Sie sich vor, der Mars war einmal der Heimatplanet der Männer. Die Marsianer arbeiteten kompetent und zielorientiert, schätzten es, Macht zu haben, sich selbst zu beweisen und dadurch ihre Fähigkeiten und Kräfte zu entwickeln.

Erfüllung fanden sie in erster Linie im Erfolg. Sie phantasierten gerne über starke Autos, noch schnellere Computer, technische Spielereien und alle möglichen Hightech-Neuheiten. Sie tauschten gerne Fakten untereinander aus und informierten sich regelmäßig über Sport und Börsennachrichten.

Der Mars-Mann analysierte gerne, stellte Regeln auf, kontrollierte und folgerte objektiv und rational. Er war stolz darauf, Dinge alleine zu tun. Diese Autonomie war für ihn ein Symbol von Effizienz, Macht und Kompetenz.

Kam beispielsweise ein Mann von seiner Arbeit nach Hause und wälzte noch ein berufliches Problem, so ging er in seine Höhle und verweilte dort so lange, bis er sein Problem gelöst oder Abstand gewonnen hatte. Solche Höhlen waren für ihn z. B. Zeitung lesen, alleine durch den Garten schlendern, Computer spielen, Sport treiben, Krimis oder Western anschauen etc.

An diesen Höhleneingängen standen Schilder:

- Diesen Höhlenbewohner nicht ansprechen!
- Bitte in Ruhe lassen!
- Achtung! Feuerspeiender Drache!

War das Problem nicht mehr alleine zu lösen, aber nur dann, bat er einen anderen Marsianer um Rat.

Dieser fühlte sich sehr geehrt, setzte seine Heimwerkermütze auf und schlug kompetente Lösungsmöglichkeiten vor.

Marsianer interessierten sich wenig für das Seelenleben anderer. Sie lasen auch keine Zeitschriften wie „Psychologie heute" oder „Liebesromane".

MARS

arbeiten schaffen konzentrieren

...Frauen stammen von der Venus

Stellen Sie sich nun vor, dass die Venus der Planet der Frauen war.

Auf der Venus gab es keine Höhlen, sondern Kaffeekränzchen und Shoppingcenter. Venusianerinnen schätzten die Liebe, Kommunikation, Schönheit und Harmonie. Sie verbrachten einen Großteil ihrer Zeit damit, sich gegenseitig zu helfen und zu pflegen.

Das weibliche Selbstbewusstsein definierte sich durch Gefühle und die Qualität von Beziehungen. Die Unterhaltung beim Kaffeeklatsch kam einem Gespräch beim Therapeuten sehr nahe.

Statt Autobahnen und große Häuser zu bauen, waren Venus-Frauen eher bemüht, in Harmonie, Gemeinschaft und liebevoller Hingabe zusammenzuleben.

Beziehungen waren ihnen wichtiger als Arbeit und Technik. In vielfacher Hinsicht war ihre Welt das Gegenteil der Welt der Mars-Männer. Sie kleideten sich nicht in Uniformen wie die Männer auf dem Mars, sondern hatten ein himmlisches Vergnügen daran, jeden Tag ein anderes Kleid zu tragen, je nachdem wie sie sich gerade fühlten.

Venusianerinnen glaubten fest daran, dass alles verändert oder verbessert werden könnte. Ratschläge und konstruktive Kritik waren für sie ein Liebesbeweis.

Auf der Venus war Psychologie ein Pflichtfach. Die Venus-Frauen beschäftigten sich gerne mit ihrer persönlichen Entwicklung und allem, was Leben, Heilung und Wachstum fördert. Sie schwärmten für Liebesfilme und Selbsthilfebücher. Probleme lösten Venusianerinnen, indem sie darüber redeten.

Es wurde sofort die Gefängnisstrafe verhängt, wenn eine Venusianerin einer anderen nicht unaufgefordert Hilfe anbot.

Sie vertrauten auf ihre Intuition und hatten die Fähigkeit „Wünsche von den Augen abzulesen".

So lebten die Venus-Frauen, bis... ja bis...

... eines schönen Tages die Mars-Männer durch ihr neu entwickeltes Hightech-Teleskop schauten und die Venus-Frauen entdeckten. Ein einziger Blick rief bei ihnen Gefühle hervor, die sie noch nie verspürt hatten. Sie verliebten sich unsterblich in diese andersartigen Wesen und beeilten sich mit der Erfindung eines Raumschiffes.

Die Venus-Frauen hatten intuitiv gespürt, dass etwas Aufregendes, Einzigartiges, Überwältigendes geschehen würde und sie empfingen die Mars-Männer mit offenen Armen. Ihre Herzen weiteten sich und sie spürten eine Liebe, wie sie sie nie zuvor erlebt hatten.

Diese Liebe war wie ein Zauber. Sie erfreuten sich aneinander und teilten alles. Sie hatten ein königliches Vergnügen daran, die Unterschiede ihrer verschiedenen Welten zu erkunden.

Viele Monate verbrachten sie damit, voneinander zu lernen, ihre Bedürfnisse, Vorlieben und Verhaltensweisen zu erfahren und zu bewundern. Viele Jahre lebten sie so zusammen in Liebe und Harmonie.

Dann entschlossen sie sich, gemeinsam die Erde zu bevölkern – und damit begannen einige große Missverständnisse.

Als sie einige Zeit auf der Erde lebten, vergaßen sie allmählich, dass sie von verschiedenen Welten stammten und eigentlich völlig unterschiedlich waren **– und auch sein sollten!**

Männer sind anders, Frauen auch.

John Gray

Venus

Liebe Schönheit Sinnlichkeit Zärtlichkeit

Was kann eine Frau für das Gelingen ihrer Partnerschaft tun?

Überlassen Sie Ihre Liebe nicht dem Zufall, sonst könnte aus Ihrem anfänglichen Traum schnell ein Alptraum werden.

Vorschläge zum Überdenken:

- Ich weiß, er braucht „seine Höhle", um abzuschalten und seine Probleme lösen zu können. Ich lasse ihn dort ungestört, bis er freiwillig wieder herauskommt.
- Ich weiß, mein Partner braucht zum Leben Anerkennung: „Ich bin stolz auf dich..." oder „Schön, wie dir das geglückt ist..."
- Ich werde ihm keine Schuldgefühle vermitteln, wenn er wieder einmal am Wochenende arbeitet oder sich mit Freunden trifft.
- Ich nehme mir vor, ihn nicht mehr verbessern oder verändern zu wollen, sondern ich vertraue ihm und akzeptiere ihn so, wie er ist!
- Ich weiß, wenn er verärgert reagiert, ist dies nur momentan. Mit seiner Liebe zu mir hat dies nichts zu tun. Ich vergebe ihm dafür.
- Ich werde meinem Partner keine Vorwürfe mehr machen, sondern mich mit „Ich-Botschaften" an ihn wenden. Nicht: „Nie hast du Zeit für mich!", sondern: „Ich vermisse unsere Gespräche so sehr" oder „Ich würde mich freuen, mit dir gemeinsam..."
- Damit mich mein Partner versteht, formuliere ich kurze Sätze und bringe sie auf den Punkt.
- Ich weiß, er kann keine Wünsche von meinen Augen ablesen, deshalb gebe ich ihm Tipps, bzw. kaufe selber Blumen für die Wohnung.
- Wenn ich ihn um seine Unterstützung bitte und er diese ablehnt, respektiere ich seine derzeitige Grenze.
- Wenn er sich nach einem Streit wieder aussöhnen möchte und für mich kleine Dinge tut, so weiß ich dies als seine Form der Entschuldigung zu betrachten und zeige ihm, dass ich es akzeptiere.
- Ich zeige meinem Mann, dass ich mich auf ihn freue, wenn er nach Hause kommt.
- Ich teile meine negativen Gefühle auf eine gemäßigte Art mit, ohne anklagend, ablehnend oder missbilligend zu sein.
- Ich gebe ihm keine klugen Ratschläge (z. B. beim Fahren oder Einparken).

Übung für die Partnerin:

Üben Sie sich von heute an eine Woche darin, sich jeglicher Ratschläge oder Kritik zu enthalten.

Sie werden bald merken, dass Ihr Partner dies zu schätzen weiß. Er wird dadurch wieder aufmerksamer und positiver auf Sie reagieren.

John Gray

Maria K. (40) aus Aschaffenburg kann sich zu nichts mehr aufraffen. Sie ist völlig deprimiert, weil bereits ihre zweite Ehe in die Brüche geht.

Gisela S. (40) aus Mönchengladbach ist eine tolerante und liebenswürdige Frau. Sie steht mit beiden Beinen im Leben. Ihren Mann liebt sie sehr und lässt ihn ihre Zuneigung und Bewunderung immer wieder spüren.

Was kann ein Mann für eine glückliche Partnerschaft tun?

Eine glückliche Partnerschaft bekommt man nicht geschenkt.

Vorschläge zum Überdenken:

- Ich umarme meine Frau mindestens zweimal am Tag!
- Ich rufe zu Hause an, wenn es mal wieder später wird.
- Meine Frau ist für mich der letzte und wichtigste Kunde des heutigen Tages, und mit dieser Aufmerksamkeit begegne ich ihr.
- Ich lese bei Gesprächen mit meiner Frau keine Zeitung und sehe auch nicht fern!
- Ich bemühe mich, ihr zuzuhören und biete nur dann Lösungsvorschläge an, wenn sie mich ausdrücklich darum bittet.
- Ich mache meiner Frau mindestens drei Komplimente pro Woche.
- Ich überrasche sie damit, dass ich ihr kurze Nachrichten hinterlasse: „Ich denke gerade an dich...", „Weil ich dich liebe,...", „Schön, dass es dich gibt!"
- Durch kleine Geschenke, wie eine gepflückte Blume oder eine Praline, zeige ich ihr, dass ich sie liebe. Nicht der Wert, sondern der Gedanke zählt!
- Ich schenke ihr besondere Zuwendung, wenn sie traurig, verärgert oder müde ist und biete ihr meine Hilfe an.
- Ich fahre nicht schneller als sie es möchte, schließlich sitzt sie machtlos auf dem Beifahrersitz.

Beim Liebesspiel ist es wie beim Autofahren: Die Frauen mögen die Umleitung, die Männer die Abkürzung. Jeanne Moreau

Übung für den Partner:

Üben Sie sich von heute an eine Woche darin, immer wenn Ihre Frau zu Ihnen spricht, ihr zuzuhören – und zwar einzig und allein, um ihre Gefühle zu verstehen und zu respektieren, was sie gerade durchmacht.

Verkneifen Sie es sich, Ihre Heimwerkermütze aufzusetzen, um einen Lösungsvorschlag zu machen oder ihre Gefühle ändern zu wollen.

Sie werden erstaunt sein, wie sehr sie das zu schätzen weiß. John Gray

Gerhard M. (42) aus Freiburg ist moralisch am Boden zerstört. Er kann einfach nicht verstehen, warum seine Partnerschaft schon seit Wochen auf dem Nullpunkt ist. Er denkt ernsthaft über eine Scheidung nach.

Albert S. (40) aus Weidenberg ist ein lebenslustiger
und geselliger Mann. Seine Frau und er lieben
sich nach 20 Jahren noch immer. Er schätzt sie sehr
und überrascht sie gerne mit lieben
Komplimenten oder kleinen Geschenken.

Kinder suchen ihren Weg – wir können sie dabei unterstützen

Das gute Vorbild ist nicht eine Möglichkeit, Kinder zu beeinflussen – es ist die einzige!
Albert Schweitzer

Einstein, ein guter Schüler?

Der spätere Nobelpreisträger hatte als Kind ein sehr schwaches Gedächtnis und vertrödelte einen großen Teil seiner Zeit damit, Kartenhäuser zu bauen. Mit 15 ging er von der Schule ab. Bei der Aufnahmeprüfung für das Züricher Polytechnikum fiel er zunächst durch. Als er schließlich doch zugelassen wurde, lernte er nur sehr schlecht. Nach seiner Entlassung war er lange arbeitslos, bis er schließlich eine drittklassige Stellung beim Berner Patentamt ergatterte. Trotz dieses Fehlstarts erlangte er schon mit 26 Jahren durch seine Relativitätstheorie Weltberühmtheit.

Erfolgreich nur durch gute Noten?

Goleman hat nachgewiesen, dass für Erfolg nicht der IQ entscheidend ist. Es arbeiten weitaus mehr Menschen mit einem 165-er IQ für Menschen mit einem 95-er IQ als umgekehrt.

Vom Tellerwäscher zum Millionär, vom Kellner zum Inhaber eines Luxushotels – diese Karrieren gibt es!

Oft werden Kinder durch unsere Erziehungsmaßnahmen eingeengt:

Wie gehen Sie mit Ihren Kindern um? Berücksichtigen Sie bei Ihren Erziehungsmaßnahmen das Alter Ihres Kindes? Drücken Sie Ihren Kindern Ihre eigenen Vorstellungen von der Zukunft wie mit einem Prägestempel auf? Lassen Sie Ihre Kinder in einem vernünftigen Rahmen frei entscheiden und dadurch genügend Raum für ihre persönliche Entwicklung und Selbstfindung?

Wenn Sie Ihre Kinder bisher „geistig gefangen gehalten" haben, dann ist jetzt die beste Gelegenheit, eine Veränderung herbeizuführen.

Unsere Kinder sind nicht dazu da, unsere Hoffnungen, Träume und Wünsche zu erfüllen. Unsere Kinder stehen mitten im Leben und sie leben ihr eigenes Leben. Verbieten Sie ihnen das nicht, sondern helfen Sie ihnen, durch gemeinsame Erfahrungen sich selbst zu entdecken, sich zu entfalten und zu verwirklichen.

Wie einzigartig Kinder sind, merkt man ganz besonders, wenn man mehrere Kinder hat. Obwohl sie in der gleichen Umgebung aufwachsen, ist doch jedes Kind verschieden. Jedes ist eine individuelle Persönlichkeit mit einem eigenen Charakter. Bedenken Sie auch, dass ein Kind, das sich leicht lenken lässt, nicht unbedingt ein besonders gutes Kind sein muss. Es ist nur ein bequemes Kind. Allerdings wünschen sich die meisten Eltern möglichst pflegeleichte Kinder, denn Eigenwilligkeit bedeutet Auseinandersetzung und Anstrengung.

Es gibt kein problematisches Kind, es gibt nur problematische Eltern. Alexander Neill

Demzufolge wird ein eigenwilliges Kind in der Regel zu einem „schlechten Kind" abgestempelt, was ihm oft durch Eltern oder Lehrer eingeredet wird. Ob bei schlechten Noten, Unordnung oder Unfolgsamkeit, es finden sich unzählige Anlässe. Häufig strafen wir das Kind dann mit Liebesentzug. Aber gerade dies ist kein geeignetes Mittel einer verantwortungsbewussten und sinnvollen Erziehung. Vielmehr sollten wir unserem Kind sagen, dass wir es lieben, aber nicht akzeptieren können, dass es aus Faulheit schlechte Noten schreibt. Betonen Sie, dass Sie Ihr Kind lieben und dass es, je älter es wird, zunehmend mehr für sich selbst verantwortlich ist.

Wenn wir so mit unseren Kindern umgehen, erfüllen wir eine wertvolle Aufgabe unseres Lebens. Wir geben unserem Kind die Chance, „sein" Leben leben zu können und zu einer eigenständigen, verantwortungsbewussten Persönlichkeit heranzuwachsen.

Einstein - Churchill - Balzac - Schubert - Hesse
Boris Becker - Michael Schumacher - Josef Schmidt - Alfred Scholz
und viele andere waren schlechte Schüler!

Wie aussagekräftig sind Zensuren?

Gute oder schlechte Schüler?

Dr. Robert Rosenthal von der Harvard Universität unternahm an einer Schule ein Experiment.

Er machte von 60 Schülern einen IQ Test (den er allerdings nicht einsah) und teilte diese in zwei Klassen. Dem einen Lehrer teilte er mit: „Herzlichen Glückwunsch! Sie haben nur die besten Schüler." Er fügte hinzu: „Unterrichten Sie diese Schüler so, wie Sie jede andere Klasse unterrichten würden und lassen Sie die Schüler und Eltern nicht wissen, dass Sie wissen, dass es besondere Schüler sind."

Dem anderen Lehrer erzählte er: „Tut mir leid, aber einer muss die Schlechten unterrichten! Unterrichten Sie diese Schüler so, wie Sie jede andere Klasse unterrichten würden und lassen Sie die Schüler und Eltern nicht wissen, dass Sie wissen, dass es schlechte Schüler sind."

Am Ende des Jahres lagen die Besten 20% über dem Durchschnitt. Die schlechten 20% unter dem Durchschnitt.

Jetzt ließ Rosenthal die Bombe platzen: Die Schüler waren nicht auf Grund ihres Intelligenzquotienten, sondern durch das Los ausgewählt worden.

**Kinder, die man nicht liebt,
werden Erwachsene, die nicht lieben.**

Pearl S. Buck

Deine Kinder sind nicht deine Kinder,
sie sind die Söhne und Töchter der Sehnsucht des Lebens nach sich selbst.
Sie kommen durch dich, aber nicht von dir
und obwohl sie bei dir sind, gehören sie dir nicht.
Du kannst ihnen deine Liebe geben, aber nicht deine Gedanken,
du kannst ihrem Körper ein Heim geben, aber nicht ihrer Seele,
denn ihre Seele wohnt im Haus von morgen,
das du nicht besuchen kannst, nicht einmal in deinen Träumen.
Du kannst versuchen, ihnen gleich zu sein, aber versuche nicht, sie dir gleich zu machen,
denn das Leben geht nicht rückwärts und verweilt nicht beim Gestern.
Du bist der Bogen, von dem deine Kinder als lebende Pfeile ausgeschickt werden.
Der Schütze (Gott) sieht das Ziel auf dem Pfad der Unendlichkeit,
und er spannt dich mit seiner Macht, damit seine Pfeile schnell und weit fliegen.
Lass deine Bogenrundung auf Freude gerichtet sein;
Denn so wie er den Pfeil liebt, der fliegt, so liebt er auch dich, den Bogen, der fest ist.

Khalil Gibran

Eltern
verzeihen ihren Kindern
die Fehler am schwersten,
die sie selbst
ihnen anerzogen haben.

Marie von Ebner-Eschenbach

Erfahrung heißt: Lernen aus Fehlern

Fehler sind eine erstlassige Quelle für wichtige Einsichten und Aha-Erlebnisse. Wer versucht, sie zu vermeiden, wird zwangsläufig frustriert werden. Wer hingegen versucht aus ihnen zu lernen, der belohnt sich selbst.

Für Andreas, sechs Jahre alt, war ein Lederball sein kostbarster Besitz. Er nahm ihn mit zum Essen, mit ins Bett und polierte ihn jede Woche auf Hochglanz. Was Fußbälle betraf, kannte er sich aus, aber viele andere Dinge waren ihm recht unklar. Eines Tages spielte er auf der Straße und verlor seinen kostbaren Fußball. Er suchte ihn überall und dachte, jemand hätte ihn gestohlen.

Schließlich entdeckte er eine Frau, die ihn offensichtlich unter ihr Kleid gesteckt hatte. Er marschierte auf sie zu und fragte sie: „Warum hast du meinen Fußball unter dein Kleid gesteckt?"

Wie sich herausstellte, hatte sie natürlich seinen Fußball nicht versteckt – dafür erfuhr Andreas an diesem Tag, woher die kleinen Kinder kommen und wie eine Frau aussieht, die hochschwanger ist. Später fand er auch seinen Ball wieder. Durch dieses Erlebnis wurde Andreas ein bisschen gescheiter und er wunderte sich, warum er von diesem Moment an überall schwangere Frauen entdeckte.

Fehler sind dazu da, um daraus zu lernen!

In unserem Leben treffen wir immer wieder auf Begebenheiten, die uns Aha-Erlebnisse offenbaren. Bis dahin kann etwas direkt vor unserer Nase liegen, ohne dass wir es wahrnehmen.

Sieger machen viel mehr Fehler als Verlierer. Deshalb gehören sie zu den Gewinnern.

Von kleinen Kindern können wir lernen mit Fehlern umzugehen:

Was könnte Klein-Anna, acht Monate alt, nach dem 27. gescheiterten Krabbelversuch wohl denken? „Oh Gott, das schaffe ich nie"? oder vielleicht eher: „Aha, so geht's also nicht" – und rums geht's mit dem Probieren weiter.

Wie geht ein Achtjähriger mit Fehlern um? Benjamin saust mit seinem neuen Fahrrad durch die gute Stube, kriegt die Kurve nicht und holt Mamas Ming-Vase vom Sockel. Seine erste Reaktion: „Hat es jemand gesehen?" Mama kommt um die Ecke und entdeckt die Bescherung. Gott sei Dank spielt der einjährige Michael in der Nähe. „Mama, der Michael war's!"

Warum überfallen uns sofort schlimme Schuldgefühle, wenn wir einen Fehler machen? Auch hier prägt uns wieder unsere Vergangenheit. Denken Sie einmal an die Schulzeit. Wurde dort angestrichen, was richtig war? Nein, nur die Fehler wurden rot hervorgehoben. Unser Selbstwertgefühl litt. Diese schlimmen Gefühle hindern uns daran, konstruktiv über unseren Fehler nachzudenken.

Ein positiver Umgang mit Fehlern wäre:

Lieben Sie Ihre Fehler, Sie brauchen sie ja nicht zu wiederholen!

Kolumbus suchte einen kürzeren Weg nach Indien und fand Amerika.

Lernen Sie aus Ihren Fehlern:

Es gibt keine Fehler oder Misserfolge, sondern nur Ergebnisse.

Wenn ich mein Leben noch einmal leben könnte, würde ich die gleichen Fehler noch einmal machen wie beim ersten Mal. Bloß ein bisschen früher, damit ich mehr davon habe! Marlene Dietrich

Mach dir den Tag doch niemals schwerer,
ist er nicht Freund, so ist er Lehrer.

Anerkennen, was ist

Ein anderer Blickwinkel.

Wenn ein anderer seine Arbeit nicht zu Ende führt, ist er faul. Wenn ich meine Arbeit nicht abschließe, bin ich zu beschäftigt oder überarbeitet. Spricht er über andere, ist er ein Klatschmaul. Tue ich das gleiche, übe ich konstruktive Kritik. Verteidigt er seine Sache, ist er dickköpfig. Beharre ich auf meinem Standpunkt, bin ich ein Mensch mit Charakter. Redet er nicht mit mir, ist er hochnäsig. Rede ich nicht mit ihm, bin ich anderweitig beschäftigt. Ist er freundlich, führt er etwas im Schilde. Bin ich freundlich, so ist das meine angenehme Art. Schade, dass mir die Mitmenschen so gar nicht ähnlich sind!

Aus Indien

Fragte der Schüler den Weisen: „Wie soll ich anderen vergeben?"
„Wenn du nie verurteilst, brauchtest du nie zu vergeben."

Eine der größten menschlichen Schwächen ist das Verurteilen. Wir urteilen über Situationen und Menschen in Form von „gut" und „schlecht". Dabei lassen wir oft völlig außer acht, dass das, was beispielsweise für Frau Huber gut ist, für Frau Meier möglicherweise schlecht ist. Und schon ist der Konflikt vorprogrammiert.

Das Urteilen oder Verurteilen ist eine rein menschliche Eigenschaft. Die Natur kennt so etwas nicht, sie richtet nicht, sie existiert einfach.

Die Sonne scheint für jeden von uns gleich, sie entscheidet nicht, wer mehr oder weniger Sonnenstrahlen „verdient" hat. Auch der Baum spendet jedem gleich viel Schatten.

Die Tugend ist dem Menschen gefährlicher als das Laster. Ein tugendhafter Mensch verurteilt tendenziell stärker als ein lasterhafter.

C.G.Jung

Wenn wir unsere Konflikte lösen wollen, in welchem Bereich auch immer, dann müssen wir aufhören, die Welt oder das Leben in „gut" oder „schlecht" einzuteilen. Die Welt ist, wie sie ist. Sie ist weder gut noch schlecht, sie ist. So einfach ist es – und doch so schwierig.

Es ist Unsinn – sagt die Vernunft,
es ist, was es ist – sagt die Liebe.
Es ist Unglück – sagt die Berechnung,
es ist nichts als Schmerz – sagt die Angst,
es ist aussichtslos – sagt die Einsicht,
es ist, was es ist – sagt die Liebe.
Es ist lächerlich – sagt der Stolz,
es ist leichtsinnig – sagt die Vorsicht,
es ist unmöglich – sagt die Erfahrung,
es ist, was es ist – sagt die Liebe.

Erich Fried

Also hören Sie auf, andere oder das Leben zu verurteilen – und das Leben hört auf, Sie zu verurteilen. Sagen Sie einfach: „Es ist, wie es ist."

Wer seinen Nächsten verurteilt, der kann irren. Wer ihm verzeiht, der irrt nie.

Karl Heinrich Wagger

Fremde Fehler beurteilen wir wie Staatsanwälte,
die eigenen wie Verteidiger.

Freiwillig einen Nachschlag geben

Ein Kassierer hat in die Kasse gegriffen. Es besteht überhaupt kein Zweifel. Durch Zufall hat der Chef den Gelddiebstahl entdeckt, und nur ein ganz bestimmter Mitarbeiter kommt in Frage. Ausgerechnet ein leistungsstarker Mitarbeiter hat zugegriffen. Der Unternehmer geht eine Tasse Kaffee trinken und denkt kreuz und quer. Abends nimmt er aus seiner Geldbörse einen Hundertmarkschein und steckt ihn in die Kitteltasche des Diebes.

Diebstahl belohnen?! So weit käme es noch! Vor Rache blind und vor Empörung außer sich, kann man nur den Stab über jemanden brechen. Mit der Draufgabe stoppen Sie einen fatalen Mechanismus. Zur-Rede-Stellen, Diskutieren, Ärger, Bluthochdruck, Polizei, Anzeige, Aufsehen, Arbeitsgerichtsprozess... Was kommt da auf den Chef zu? Das Arbeitsklima leidet, Kollegen solidarisieren sich, ein fähiger Mitarbeiter muss gehen und ersetzt werden, der Betriebsrat schaltet sich ein... Hundert Mark sind viel, wenn man sie Ihnen stiehlt. Und Peanuts, wenn Sie sie ausgeben – wie in diesem Fall. Jede Anzeige für eine Stellenausschreibung kostet ein Mehrfaches. Hinzu kommen die Aufwendungen für Einstellung und Einarbeitung. Einfach übersehen und als Reibungsverlust abschreiben? Das wäre reine Resignation und keine Führung. Aber das Erstaunliche tun, das völlig Unerwartete: dem Dieb freiwillig noch einen Nachschlag geben – das wirkt! Der Mitarbeiter kann sich nicht darüber hinweg täuschen: Der Chef hat den Fall bemerkt. Kein Kollege hätte ihm kommentarlos Geld in die Tasche gesteckt. Also der Chef. Dem Mitarbeiter werden die Folgen bewusst: Entdeckung und Bloßstellung, Scham und Schande, Kündigung und Schlimmeres bleiben ihm erspart. Statt dessen findet er Geld in der Tasche. Das Prinzip heißt: Ähnliches mit Ähnlichem heilen – heilen, nicht kaschieren.

Dieser Mitarbeiter wird nie wieder stehlen. Wenn es im ganzen Unternehmen einen einzigen Menschen gibt, der lieber bettelt und hungert, dann wird es dieser Mann sein.

Suchst du nach Vollkommenheit?
Blicke in den Spiegel!
Findest du sie dort,
darfst du sie auch anderswo erwarten.

Brief einer studierenden Tochter an ihre Eltern

Liebe Eltern,

ihr müsst nun entschuldigen, dass ihr monatelang nichts mehr von mir gehört habt, aber meine Kopfschmerzen fangen jetzt an nachzulassen, so dass ich heute wieder schreiben kann. Der Schädelbasisbruch ist praktisch wieder ganz verheilt. Den habe ich mir zugezogen damals, als das College in Flammen stand und ich aus dem zweiten Stock aus dem Fenster springen musste. Aber ich habe ja viel Glück gehabt, denn Gott sei Dank hat mich Jimmy damals gefunden und sich rührend um mich gekümmert.

Ja, von Jimmy wisst ihr natürlich noch gar nichts, er arbeitete an der Tankstelle vorne an der Straße, deshalb hat er mich auch gleich gefunden, damals bei dem Brand. Er war sehr nett zu mir, deswegen bin ich auch zu ihm gezogen. Wir verstehen uns sehr gut. Natürlich – er hätte mir ja schon etwas sagen sollen von dieser Krankheit, die er schon lange hat und gegen die, wie die Ärzte sagen, man nichts machen kann. Leider hätte ich diese Krankheit jetzt auch, sagt der Arzt, was wegen des Babys nicht gut sei, denn ich bin ja bereits im vierten Monat schwanger. Aber wir sind trotz allem guten Mutes, und ihr müsst Jimmy unbedingt kennenlernen. Ihr werdet ihn sofort liebgewinnen, auch wenn er keinen Hauptschulabschluss hat und seine Hautfarbe nicht die gleiche ist wie die unsere.

In Liebe eure Tochter

P.S:

Liebe Eltern, ich sollte euch doch noch sagen, ich hatte keinen Schädelbruch, das College hat auch nicht gebrannt, ich bin auch nicht schwanger und Jimmy hat kein Aids. In Wahrheit gibt es gar keinen Jimmy in meinem Leben.

Ich habe aber in meinem Zeugnis eine Fünf in Englisch und eine Sechs in Mathematik und bin daher nicht versetzt worden – ich wollte nur, dass ihr das alles in den richtigen Dimensionen seht.

Liebe Eltern,

Ein Leben voller Chancen

Probleme, die wir nicht meistern, schikanieren uns grenzenlos. Josef Schmidt

Ein lieber Freund gab mir einmal einen guten Tipp in puncto Problembewältigung:

Wenn ein großes Problem auf dich zukommt, dann setze dich entspannt in einen Sessel und empfange das Problem wie einen Gast, der unangemeldet zu Besuch kommt.
Denke dir: Schau an, hier kommt eine neue Aufgabe auf dich zu, da gibt es wieder was zu lernen. Manfred Richter

Je eher wir erkennen, dass das Leben eine Möglichkeit der persönlichen Weiterentwicklung ist, um so eher sind wir bereit, an unseren Problemen zu arbeiten.

Fragt ein Schüler seinen Meister: „Wie lange werde ich brauchen, um mein Problem zu lösen?" „Keine Minute länger, als du brauchst, um es zu verstehen", erwiderte der Meister.

Stellen Sie sich neuen Lernprozessen! Probleme sind auf der Apothekerwaage für jeden einzelnen abgewogen. Jeder erhält nur so viel, wie er bewältigen kann. „Pro" bedeutet „für". Also ist ein Problem „für uns" gemacht, damit wir etwas daraus lernen können. Wir denken oft, das Schicksal, das wir erfahren, ist Zufall. Stimmt! Es ist uns zugefallen! Wir müssen lernen, das Schicksal richtig zu betrachten, nämlich als Herausforderung, als Chance, als Wegweiser. Wir können dem Schicksal einen Sinn geben. Und ab dem Moment, wo wir dies tun, führen wir wieder ein sinnvolles Leben.

Fragen Sie sich doch einmal: Habe ich ein Problem – oder bin ich das Problem?

Problemlösung hat mit lösen bzw. loslassen zu tun.

Wann immer wir die Probleme loslassen, lassen uns die Probleme los.

Die häufigste Frage in meinen Seminaren ist:

Was muss ich tun, um loslassen zu können?

Da biete ich gerne folgende Geschichte von Rene Egli an:

Wenn wir einen Pfeil mit Hilfe eines Bogens ins Zentrum einer Zielscheibe schießen wollen, dann machen wir zwei Dinge.

1. Wir müssen konzentriert zielen, das hat mit dem Kopf zu tun und benötigt unsere Energie. Ebenso erfordert das Spannen des Bogens Energie.
2. Wir müssen den Pfeil loslassen, damit er – ohne Kraftaufwand – aber mit höchster Geschwindigkeit sein Ziel findet.

Bei Pfeil und Bogen ist das physikalisch gesehen einfach und logisch. In der Praxis scheitert es jedoch meist am Loslassen.

Wie kann ich den Ist-Zustand meines momentanen Lebens geistig loslassen?

Die Erfolglosigkeit, die Arbeitslosigkeit, die Krankheit,...?

Des Rätsels Lösung ist ganz simpel:

Akzeptieren Sie Ihren Ist-Zustand!

Nur das Akzeptieren des momentanen Zustandes macht ein Loslassen möglich.

Dadurch wird der Ist-Zustand, nämlich das Problem, nicht mehr festgehalten und kann verändert werden.

Ständig haben wir es mit exzellenten Gelegenheiten zu tun, die absolut brillant als unlösbare Probleme getarnt sind.

Der Pessimist sieht in jeder Chance ein Problem.
Der Optimist sieht in jedem Problem eine Chance.

Unser Leben ist das Ergebnis unserer Gedanken

Ein Vögelchen lebte seit vielen Jahren in einem Käfig. Das Türchen war immer verschlossen gewesen, bis auf heute, da hatte man es versehentlich offen gelassen. Mit einem Satz war der Vogel an der Öffnung und betrachtete dort die weite Welt. Sein kleiner Körper zuckte vor Aufregung und Verlangen nach den weiten Räumen, die für seine Flügel wie geschaffen waren. Doch dann dachte er sich: „Wenn ich hinausfliege und sie vielleicht die Käfigtür wieder zumachen, bleibe ich als Gefangener draußen." Der kleine Vogel machte kehrt und kurz darauf sah er mit Befriedigung, wie sich das Türchen wieder schloss, was seine Gefangenschaft endgültig besiegelte.

Pedro Zimmermann

Viele Menschen, sind zwar „erwachsen", jedoch stark „in sich selbst gefangen". Sie brauchen selbst für kleinste Kleinigkeiten eine Erlaubnis, um ab und zu ihre Meinung zu sagen, sich ein bisschen zu amüsieren oder um frei entscheiden, sprechen und fühlen zu können.

Eigene Denkgewohnheiten zu überwinden ist genauso schwierig, wie die fünf Sinne zum ersten Mal zu gebrauchen. Sie werden sich seltsam vorkommen und sich alleine fühlen, wenn Sie auf Ihre inneren Wünsche vertrauen, anstatt dem Drang zu folgen, eine Erlaubnis einzuholen. Doch die Freude und das gewonnene Selbstbewusstsein, das Sie erfahren, ist nicht zu beschreiben. Es ist der Beginn eines neuen Lebens.

Wo liegt die Ursache für ein solches Denkverhalten?

Für unseren Lebensweg wurden wir mit einem wunderbaren Geschenk ausgestattet, das nur wir Menschen erhielten: Es ist der „freie Wille". Jetzt denken Sie vielleicht: „Ja schön, aber was ist schon Besonderes daran?" Der freie Wille ermöglicht uns zum Beispiel zu denken, was wir denken wollen. Und dieses Geschenk des Lebens an uns ist grenzenlose Freiheit.

Wir müssen nicht die Opfer unserer Gedanken sein, sondern können zu ihrem Meister werden. Und damit sind wir aktive Gestalter unseres Lebens.

Die Qualität unserer Gedanken bestimmt die Qualität unseres Lebens.

Josef Schmidt

Unsere Gedanken sind die Schöpfer von Erfolg und Misserfolg. Sie können denken: „Das Leben ist ein einziges Jammertal, ein einziger Kampf!" Sie können aber auch denken: „Das Leben ist wunderbar und bietet unendliche Möglichkeiten!" Egal was Sie denken, Sie werden immer Recht behalten, denn Ihr Leben wird sich danach einrichten!

Dank dem „freien Willen" kann jeder Mensch in jedem Moment sein Denken völlig verändern – vorausgesetzt er will es.

Das Prinzip des freien Willens hat natürlich seine Konsequenzen. Denn auch der andere hat das Recht auf freien Willen. Deshalb gehört zum freien Willen immer bedingungslose Liebe und Akzeptanz, d. h. auch dem anderen das Recht einzuräumen zu denken, was er will.

Die Grenzen deiner Gedanken
sind die Grenzen deiner Welt!

**Die größte Entscheidung deines Lebens
liegt darin,
dass du dein Leben ändern kannst,
indem du deine
Geisteshaltung änderst.**

Albert Schweitzer

Achte auf deine Gedanken,
sie werden zu Worten.
Achte auf deine Worte,
sie werden zu Handlungen.
Achte auf deine Handlungen,
sie werden zu Gewohnheiten.
Achte auf deine Gewohnheiten,
sie werden dein Charakter.
Achte auf deinen Charakter,
er wird dein Schicksal.

Talmud

Gesetz der Anziehungskraft

Ein Gedanke ist nicht ein „Nichts", sondern ein „Etwas"!

Wenn es den Gedanken nicht gäbe, könnten wir ihn auch nicht denken.

Gedanken sind Schwingung und Energie. Claude Bristol weist darauf hin, dass Radiowellen ungehindert durch Holz, Ziegel oder Stahl dringen und er schlägt vor, Gedankenwellen ähnlich zu sehen.

Shakti Gawain sagt dazu: Gedanken und Gefühle haben magnetische Energie, die Energien ähnlicher Art anziehen. Das heißt:

Wir ziehen immer das in unserem Leben an, worüber wir uns am meisten Gedanken machen.

Positive Gedanken ziehen also Erfolg – Freude – Bewunderung – Beliebtheit – Glück und Gesundheit an.

Negative Gedanken bedingen Misserfolg – Ärger – Unbeliebtheit – Depression und Krankheit.

Was wir fürchten, ziehen wir an.

Versetzen Sie sich einmal zurück in Ihre Kindheit. Sicher schlichen Sie auch einmal heimlich in die leere Küche, um sich dort ein Stück des Geburtstagskuchens zu stibitzen. Gingen Ihnen dabei auch ähnliche Gedanken durch den Kopf, wie: „Hoffentlich erwischt mich Mutter nicht dabei!" Und wie aus dem Nichts war sie auf einmal da, und prompt wurden Sie ertappt.

Zufall oder gedanklicher Magnetismus?

Unser Leben ist das, was unsere Gedanken daraus machen. Marc Aurel

Eine Seminarteilnehmerin hatte immer wieder das Pech, kurz vor Veranstaltungen, auf die sie sich besonders freute, krank zu werden. Sie dachte unweigerlich: „Hoffentlich werde ich diesmal nicht wieder krank." Und – natürlich wurde sie wieder krank.

Ist es nicht faszinierend, wie präzise und zuverlässig unser Unterbewusstsein arbeitet? Es kann sich nicht von etwas wegbewegen, sondern nur auf etwas zu, wie hier zur Krankheit hin.

Wie kommen wir nun aus dieser gedanklichen Sackgasse heraus, immer wieder das Negative zu sehen?

Erst einmal müssen Sie wissen: Das Unterbewusstsein kennt keine Verneinungen. Es lässt „nein" und „kein" einfach weg.

Sie können dies ganz leicht selbst testen: „Denken Sie jetzt nicht an einen Elefanten!"

Na, was haben Sie eben vor Ihrem geistigen Auge gesehen? Sicher einen Elefanten!

Ruft eine Mutter ihrem Kind beiläufig zu: „Wirf die Tür nicht so zu!" – schon knallt die Tür ins Schloss. Unser Unterbewusstsein streicht das „nicht" aus dem Satz und nun lautet die unbewusste Aufforderung: „Wirf die Tür zu!" Die richtige Aufforderung an das Kind wäre: „Schließe die Tür bitte leise!" Sagen Sie statt „Ich erkälte mich nicht.": „Ich bleibe gesund!" Statt „Ich habe keine Angst.": „Ich fühle mich sicher!" Statt „Ich will nicht mehr so nervös sein.": „Ich bin ruhig und gelassen!"

Ersetzen Sie einen negativen Gedanken einfach durch einen positiven Gedanken!

Neue Gedanken ziehen neues Leben an.

Du bist, was du denkst.
Und was du denkst, das ziehst du an.

Marc Aurel

Das Unternehmen „Mensch"...

...beschäftigt ca. 100 Billionen Mitarbeiter – so viele Zellen arbeiten im menschlichen Körper. Das sind 15.000 x mehr als Menschen auf der Erde leben. Jeden Tag scheiden 600 Milliarden Mitglieder aus diesem gigantischen Konzern aus. Ebenso viele Zellen werden täglich neu gebildet und reibungslos in das physiologische Geschehen integriert.

Jede Sekunde führt der Körper etwa 10^{30} chemische Operationen durch, das ist eine 1 mit 30 Nullen, Sekunde für Sekunde.

Die 10^{28} Atome, die unseren Körper bilden, sind flüchtig wie die Zeit. Sie kommen und gehen und schaffen unser Fleisch und Blut immer wieder neu: Alle 5 Tage eine neue Magen-Darm-Schleimhaut, alle paar Wochen eine neue Leber, jeden Monat eine neue Haut, alle paar Monate ein neues Skelettsystem.

Lautlos und ohne Anstrengung wird dieser fesselnde Biotanz auf der Bühne des menschlichen Organismus aufgeführt, präzise dirigiert von der unsichtbaren Intelligenz der Natur.

Seit jeher besitzt der Mensch das Wissen um das Gleichgewicht von Körper, Geist und Seele. Heute, in einer Zeit von Stress, Hektik, Umweltbelastung und ungesunder Lebensformen, ist dieses Wissen aktueller und bedeutsamer denn je.

An den Oak Ridge Laboratorien in Kalifornien hat man festgestellt, dass 98 % der Atome unseres Körpers durch neue ersetzt werden.

Die Gesundheit
kann man mit einem Bankkonto vergleichen:
Man kann jeden Tag davon abheben
man kann es auch überziehen.
Eines Tages jedoch
muss man alles zurückzahlen.

Unsere körperliche Gesundheit spiegelt unsere geistige Gesundheit wieder

Krankheit ist das Ergebnis ungelöster innerer Konflikte, die sich im Laufe der Zeit an unserem Körper zeigen.

Der sechsjährige Timmy leidet unter multipler Persönlichkeitsstörung. Diese äußert sich durch die blitzartige Verwandlung von einer z. B. liebevollen zu einer ängstlichen und im nächsten Moment plötzlich zu einer aggressiven und unberechenbaren Persönlichkeit. Er lebt deshalb in der Psychiatrie. Das eigentliche Phänomen ist jedoch, dass er als ängstliche Persönlichkeit eine Orangen-Allergie hat. Sobald er Orangen isst oder Saft trinkt, wird sein Körper im Nu von Pusteln überzogen. Wechselt er in diesem Zustand seine Persönlichkeit, verschwindet die Allergie augenblicklich. Genauso erstaunlich war die Beobachtung der Ärzte, dass mit den verschiedenen Persönlichkeiten auch die Augenfarben wechselten. Diese Veränderungen vollzogen sich so rasant, dass der Wechsel für die beobachtenden Ärzte nicht sichtbar war.

Sehr provokativ kann man aus solchen Fällen lernen:

Durch unsere Persönlichkeit entstehen unsere Krankheiten. Verändern wir unsere Persönlichkeit, verändert sich auch unser Krankheitsbild.

Der Impuls, den wir durch eine Veränderung in uns auslösen, kann schneller als das Licht sein, also nicht mehr messbar. Das ist die Erklärung für Timmys spontane körperliche Verwandlung.

400 Menschen, die eine Spontanheilung erfuhren, wurden befragt, was sie getan haben, um wieder gesund zu werden. Der eine hatte eine Vitamin-Rosskur hinter sich, der andere wurde Extremsportler... Jeder hatte seine eigene Strategie entwickelt, doch alle hatten eines gemeinsam:

Sie glaubten fest daran, wieder gesund zu werden, und alle veränderten ihr Leben.

Von diesen Menschen können wir lernen, Krankheiten als Herausforderung, als Chance und als Weg zu betrachten. Sobald wir der Krankheit einen Sinn geben, führen wir ein sinnvolles Leben.

Schon lange bevor wir krank werden, signalisiert uns eine innere Stimme: „Ich fühle mich schlapp. Ich brauche dringend Ruhe." Aber unser Verstand spornt uns weiter an, keine Zeit durch Ausruhen zu verlieren und noch diese oder jene wichtige Arbeit zu erledigen.

Doch nach einigen Jahren sorgt unser Körper selbst für die nötige Auszeit: Er wird krank. Bekommt er nun die Ruhe, die er seit langem fordert? Oder nur Medikamente, die ihn „über Wasser halten"? Die Medikamente werden zur Gewohnheit, die Krankheit auch.

Die Symptombekämpfungsmethode der klassischen Medizin gleicht dem Ausreißen von Unkraut an der Erdoberfläche. Die Wurzel bleibt im Boden stecken und lässt das Unkraut in Kürze noch kräftiger sprießen.

Krankheiten, die wir nicht meistern, schikanieren uns gnadenlos.

„Wer nicht hören will, muss fühlen!" Das wurde uns sehr oft im Kindesalter gepredigt. Hören Sie auf Ihre Gefühle, Ihre innere Stimme? Oder ist erst eine größere Krankheit als Lernprozess notwendig?

Von Schwerkranken, die gesund wurden, hörte ich immer wieder folgenden Satz:

**Meine Krankheit war notwendig.
Erst musste ich in Not geraten, damit ich mich endlich wenden konnte.**

Die Gesundheit ist wie das Salz.
Man bemerkt es erst, sobald es fehlt.

Aus Italien

Gesundheit ist nicht alles, aber ohne Gesundheit ist alles nichts!

Kürzlich haben Krankenkassen ihren Versicherten mitgeteilt, dass ca. 70 % aller Krankheiten seelische Ursachen haben, eine Information, die sicherlich viele überrascht hat.

Dethlefsen bringt dazu einen Vergleich: Stellen Sie sich vor, an Ihrem Armaturenbrett im PKW flackert die Öl-Kontrolllampe auf. Eilig fahren Sie in die Werkstatt und bitten den Mechaniker, die Birne auszuwechseln!

Doch die Ursache ist das fehlende Öl, nicht eine defekte Birne!

Die Menschen bitten die Götter um Gesundheit. Dass sie in ihren eigenen Händen liegt, darüber denken sie nicht nach. Demokrit

Ein amerikanischer Arzt hatte Leukämie. Durch verschiedene Therapien gelang es ihm, innerhalb von 14 Tagen, seine Leukozyten von 50.000 auf 29.000 zu verringern. Nach einem halben Jahr allerdings waren die Leukozyten wieder auf 50.000 angestiegen. Jetzt nahm sich der betreuende Arzt Zeit, um nach der Ursache zu forschen. Und es kam heraus, dass die Ehefrau des Patienten ein halbes Jahr vor seiner Erkrankung gestorben war. Er lebte in einem großen Haus, in dem er sich jedoch überhaupt nicht wohl fühlte. Seine Tochter war nach dem Tod seiner Frau zu ihm gezogen, doch das Verhältnis zwischen ihnen war nicht gut. Es wurde ihm bewusst, dass er einiges ändern müsse. Und er fing gleich damit an. Die Blutuntersuchung nach einem Jahr ergab, dass seine Leukozyten stabil geblieben sind.

Naturgesetz von Ursache und Wirkung

Wenn in einem Unternehmen die Kunden ausbleiben, wird nach den Ursachen geforscht.

Geht es um einen kranken Körper, so wird er meist nur beim Arzt oder im Krankenhaus mit der Bitte um schnellstmögliche Reparatur abgegeben. Sicher ist dies wichtig und lebensrettend, doch wir Menschen sind mehr als nur Organe.

Sie haben in diesem Leben nur diesen Körper!

Nehmen wir einmal den lästigen Kopfschmerz. Der Schmerz ist die Wirkung, er wirkt gerade heftig. Die Ursache des Kopfschmerzes ist der Schlüssel. Um diesen herauszufinden, sollten Sie sich fragen:

- Worüber zerbreche ich mir den Kopf?
- Bin ich dickköpfig, versuche ich mit dem Kopf durch die Wand zu gehen?
- Suche ich mit dem Kopfschmerz nach Aufmerksamkeit, Anerkennung, Liebe?

Ohne Erkenntnis keine Veränderung.

Bei Magenproblemen könnten wir uns fragen:

- Was kann oder will ich nicht mehr schlucken?
- Worüber ist mein Magen (bin ich) sauer?
- Was fresse ich in mich hinein?
- Gibt es in mir eine Sehnsucht nach einem problemlosen Kindheitsparadies, in dem ich nur geliebt und versorgt werde, ohne mich selbst durchbeißen zu müssen?

Studien der Uni Tübingen haben ergeben, dass 60 - 80 % aller Rückenbeschwerden seelischer Ursache sind.

Der Volksmund sagt dazu:

- Kein Rückgrat haben.
- Zu viele Sorgen lasten auf seinen Schultern.

Was ist die Ursache Ihres Zipperleins oder Ihrer Krankheit, was sollen Sie erkennen, was sollten Sie verändern?

Das Reden über Krankheiten
wirkt auf sie
wie Dünger auf eine Pflanze.

Umarmen atmet neues Leben in einen müden Körper

Wir alle brauchen Berührungen und Umarmungen und zwar so viel wie möglich. Sogar medizinische Fachleute meinen, dass wir uns mehr umarmen sollten. Umarmen hilft Ihnen, länger zu leben, Krankheiten vorzubeugen, Depressionen und Folgen von Überbelastung abzuschwächen oder sogar zu heilen und den Zusammenhalt der Familie zu stärken.

Dr. David Bresler (med. Fakultät der UCLA, Kalifornien, Schmerzzentrum) formuliert es folgendermaßen:

„Es wurde nachgewiesen, dass eine Umarmung seelische und körperliche Beschwerden lindert. Sie wurde zum festen Bestandteil unserer Schmerztherapie!"

Die Art der Umarmung, die Dr. Bresler empfiehlt, ist die Bärenumarmung:

Sehen Sie Ihren Partner an und umarmen Sie ihn fest mit beiden Armen!

Auf einem Rezeptblock verschreibt Dr. Bresler seinen Patienten 4 x täglich Umarmung:

- 1x Umarmen zum Frühstück
- 1x Umarmen zum Mittagessen
- 1x Umarmen zum Abendessen
- 1x Umarmen zum Schlafengehen

Überdosierung absolut erwünscht.

Pamela McCoy, eine Krankenschwester im Grant Hospital in Columbus, berichtete: „Wir haben herausgefunden, dass Menschen, die unter massiven Schlafstörungen leiden, teilweise aufhören, Schlafmittel einzunehmen, wenn sie häufig umarmt oder berührt werden."

Dr. H. Falk sagt: „Umarmen kann Depressionen entgegenwirken, weil es das Immunsystem des Körpers anregt."

Umarmen atmet neues Leben in einen müden Körper. Sie fühlen sich dadurch jünger und vitaler. Wenn Worte nicht mehr helfen – eine Umarmung hilft immer!

Umarmen Sie Ihren Partner, Ihre Kinder, Ihre Freunde und Verwandten. Für Alleinstehende ist eine Umarmung mit einem Freund oder einer Freundin bei jedem Treffen eine Wohltat.

Umarmen ist ein wunderbarer Weg, Ihre Lebensqualität zu verbessern.

Fühlen Sie sich an dieser Stelle umarmt!

Bärenumarmung

Umarmen erfrischt Körper und Seele.
Fühle dich umarmt!

Liebe dich, wie du bist!

Leben ohne Liebe ist wie ein Baum ohne Blüten und Früchte. Khalil Gibran

„Was kann ich tun, um meinen Nächsten zu lieben?" fragt der Schüler den Meister. „Höre auf, dich zu verurteilen." Der Schüler grübelte lange und ernsthaft über diese Worte nach, kam dann zurück und fragte: „Aber wie kann ich mich davon befreien?" „Sei freundlich zu dir und dein Selbst wird zufrieden sein und dir ermöglichen, deinen Nächsten zu lieben."

Ein Schlüsselsatz des Christentums lautet: „Liebe deinen Nächsten wie dich selbst!" Dabei vergessen viele Menschen gerade die wichtige Ergänzung „wie dich selbst".

Es ist nicht möglich, andere zu lieben und anzuerkennen, wenn wir uns selbst nicht mögen und akzeptieren können.

Vielen Menschen verursacht die Vorstellung, sich selbst zu lieben, eher Unbehagen. Gleichzeitig jedoch erwarten sie, dass ihr Umfeld oder ihre Partner sie lieben.

Die eigene Akzeptanz ist die Grundlage für eine gesunde Beziehung zu anderen Menschen oder Partnern. Was wir selbst nicht besitzen, können wir auch nicht an andere weitergeben.

Solange wir uns selbst nicht mögen, mag uns das Leben auch nicht: Es schickt uns Kummer, aggressive Partner, Krankheiten und Probleme.

Haben wir aber diese Liebe in uns entdeckt, dann werden wir fähig, andere zu akzeptieren und zu lieben.

Als Belohnung erhalten wir vom Leben Freude, liebenswerte Partner, Gesundheit, Glück und Zufriedenheit.

Wie schaffen wir es, uns selbst zu lieben?

Ganz einfach, indem wir uns immer wieder selbst vergeben und jede Situation, so wie sie ist, akzeptieren. Versuchen Sie es doch einfach einmal!

Peter und Gerda sind verheiratet. Peter ist eine Führungskraft auf dem Weg nach oben. Gerda sitzt mit ihren zwei Kindern zu Hause und fühlt sich abhängig. Sie findet ihr Leben langweilig, während Peter seine Karriere weiter aufbaut. Das Resultat: Gerda ist sauer auf Peter. Ständig nörgelt sie an ihrem Mann herum. Die Ursache: Gerda kann sich selbst nicht leiden, also findet sie an Peter – und an anderen – alles mögliche auszusetzen. Wenn es anderen gut geht, fühlt sich Gerda minderwertig und wird dadurch noch kritischer.

Andere Menschen sind unsere Spiegelbilder. So wie wir in den Spiegel hineinsehen, so blickt der Spiegel zurück!

Gerdas Kritik hat eigentlich gar nichts mit Peter zu tun. Die Ursache ist allein Gerdas mangelndes Selbstwertgefühl. Solange sie sich selbst nicht mag, kann sich auch ihre Beziehung nicht verbessern. Wenn wir nur unsere Fehler sehen, haben wir ein schlechtes Gewissen und werden von Schuldgefühlen geplagt. Unbewusst erwarten wir, dass andere auch unsere Fehler sehen und warten wiederum unbewusst darauf, dass man uns ablehnt.

Deshalb empfiehlt uns T. Goler:

Liebe dich soviel du kannst! Und wenn du unfähig bist, dich zu lieben, dann liebe dich einfach nur dafür, dass du unfähig bist, dich zu lieben!

Beschließen Sie einfach, Ihr bester Freund oder Ihre beste Freundin zu sein.

Liebe deinen Nächsten wie
dich selbst!

Der Holzstoß

Kathi spielte an den großen Holzstößen am Abhang. Es war eine Unternehmung auf eigene Faust und das Spiel am Winterholz gegen den Willen der Eltern. Das Dorf in dem sie lebte, war abseits der großen Städte, und die Bewohner pflegten eine eigene Denkweise, die von vielen nicht nachvollzogen werden konnte. Alle im Dorf waren glücklich, und die besten Handwerker und die tüchtigsten Frauen stammten aus gerade diesem Dorf.

Kathi turnte auf den Stämmen, dabei muss sich eine Sperre gelockert haben und alle Stämme fingen an zu rollen. Im letzten Augenblick konnte sie noch zur Seite springen und stand nun da und musste zuschauen, wie der ganze Holzvorrat für den Winter den Hang hinunterpolterte und unten in den reißenden Strom fiel, ein Stamm nach dem anderen. Es wurde ihr sofort klar, dass die kurze Zeit bis zum Winter nie reichen würde, um wieder ausreichend Holz für alle zu schlagen. Diesen Winter müssten sie alle frieren, vielleicht sogar erfrieren. Kathi lief weg und versteckte sich. Sie wollte nie mehr nach Hause gehen. Ständig machte sie sich die größten Vorwürfe, dass sie trotz des Verbotes dort gespielt hatte. Selbst hätte sie auch schon so gescheit sein müssen und...

Es war schon dunkel, als sie sich nun doch noch entschloss, heimzugehen und alles zu beichten. Als sie sich dem Dorf näherte, sah sie schon von weitem, dass eine große Runde um ein Feuer saß und schweigend wartete. Ihr fiel das Herz in die Hosentasche, sie ging aber mutig weiter. Als man sie wahrnahm, erhob sich der Älteste der Runde und ging auf sie zu, umarmte sie und hielt sie eine Zeit schweigend fest in seinen Armen, dann sprach er:

Ich liebe dich und ich bitte dich, liebe auch du dich selbst.

Ich verzeihe dir und ich bitte dich, verzeihe auch du dir selbst.

Ich segne dich und ich bitte dich, segne auch du dich selbst.

Während er diese Sätze sagte, schaute er ihr fest in die Augen. Dann ließ er sie los und ging zurück zur Runde. Von da kam schon der Zweitälteste auf sie zu, umarmte sie ebenfalls und sagte zu ihr:

Ich liebe dich und ich bitte dich, liebe auch du dich selbst.

Ich verzeihe dir und ich bitte dich, verzeihe auch du dir selbst.

Ich segne dich und ich bitte dich, segne auch du dich selbst.

So ging es weiter, bis alle vierunddreißig Erwachsenen bei ihr waren. Dann wurde sie in die Runde der Erwachsenen gebeten. Es war das erste Mal, dass sie in dieser Runde sein durfte. Sie musste genau erzählen, wie es sich zugetragen hatte. Dann wurde beraten. Es wurde darüber gesprochen, dass es ein Fehler war, das Holz so dicht am Abhang zu lagern, dass die Zeit bis zum Wintereinbruch viel zu kurz sei, um neues Holz zu machen. Dann wurde beschlossen, dass dieses Jahr sich alle auf das Haupthaus beschränken, worin auch alle schlafen sollten. Die Absicht, für die sieben Häuser der sieben Familien alle Holz zu machen, wurde vollkommen aufgegeben. Auch wurde immer wieder nach dem Geschenk gefragt, das wohl in diesem Vorfall versteckt sei, andere sagten, was die gute Seite an diesem Unglück sein möge. Kathi hörte das wohl, konnte damit aber nichts anfangen. Sie war fürs erste froh, dass sie nicht geschimpft wurde.

Sie konnte sogar das Verzeihen der anderen annehmen und glauben, hatte es doch jeder einzelne zu ihr gesagt „Ich verzeihe dir" und jeder hatte es aus ganz aufrichtigem Herzen zu ihr gesagt, aber der zweite Teil „Ich bitte dich, verzeihe auch du dir selbst", das fiel ihr so schwer, sie konnte es nicht; immer wieder machte sie sich Vorwürfe.

Es war einige Zeit seit dem Vorfall vergangen, der Winter kam früher als erwartet und die großen Schneemassen hatten alles unter sich begraben. Der

Holzvorrat war so knapp, dass er nur reichte, wenn ganz sparsam damit umgegangen würde. Aber dieser Mangel war nirgends zu spüren. Alle lebten im Gemeinschaftshaus und die Körper der Leute heizten mit, so dass auch bei kleinem Feuer eine angenehme Temperatur herrschte. So einen schönen, lustigen Winter hatte es noch nie gegeben. Es wurde viel miteinander gesungen, gespielt, Geschichten erzählt und gelacht. Alle waren glücklich und immer wieder konnte man hören: „Gut, dass Kathi das Holz ins Wasser rollen ließ."

Immer und immer wieder wurde dieser Umstand ganz besonders erwähnt und das gab ihr mit der Zeit die Kraft, dass sie ihre Selbstvorwürfe aufgeben konnte. Sie sah und erlebte es, es war der schönste Winter ihres Lebens. Wäre das Holz nicht vernichtet worden, so hätten sie, wie all die Jahre vorher, getrennt, jede Familie in ihrem eigenen Häuschen eingeschneit, diese lange Zeit mit Handarbeiten verbringen müssen. Wie herrlich ist doch eine so große Gemeinschaft.

Als sie alle Selbstvorwürfe aufgeben konnte, fing sie auch an zu begreifen, was mit dem Geschenk in dem Unglücksfall gemeint war. Es war wirklich ein Geschenk, denn die Gemeinschaft hatte beschlossen, dass auch im nächsten Winter wieder alle im Gemeinschaftshaus leben sollten, dadurch würden nicht nur die Winter schöner und kurzweiliger, sondern die Zeit konnte auch gut genutzt werden, um die Kleinen in die verschiedensten Handwerkstechniken einzuführen. Von den Männern wurde besonders freudig herausgestellt, dass sich die Zeit, um das Winterholz zu schlagen, verkürzt. Statt vier Monate sind es nur noch drei Wochen. Sie sparen sich neun Wochen schwerste Waldarbeit – dank Kathi.

Seit dem (Un)Glückstag durfte Kathi an den Beratungen der Erwachsenen teilnehmen. Es gab immer wieder Situationen in denen in der Gemeinschaft etwas geschah, was auf den ersten Blick furchtbar war. Die Erfahrung und Denkweise der Gemeinschaft waren es, dass überall ein Geschenk enthalten ist. Diese Überzeugung ist nun auch für Kathi zur Gewissheit geworden. Meistens waren es die jungen Mitglieder der Gemeinschaft, denen ein Missgeschick widerfuhr. Wenn sie dann an der Reihe war, den Betroffenen zu umarmen, dann konnte sie aus innerster Überzeugung, mit ruhiger, fester Stimme sagen „Ich verzeihe dir und ich bitte dich, verzeihe auch du dir selbst."

Dieser Brauch, den Verursacher vollkommen zu entlasten, wurde auch weiterhin gepflegt. Jeder einzelne Dorfbewohner geht auch heute noch hin, drückt den anderen und sagt ihm diese drei Sätze.

Ich liebe dich und ich bitte dich, liebe auch du dich selbst.

Ich verzeihe dir und ich bitte dich, verzeihe auch du dir selbst.

Ich segne dich und ich bitte dich, segne auch du dich selbst.

(Aus „Kathi" von Lena Lieblich)

Liebe ist geben, immer wieder geben

Der Wind und die Sonne stritten sich, wer von beiden wohl stärker sei. Der Wind wettete, er könne einen Menschen schneller dazu bringen, seinen Mantel auszuziehen als die Sonne.

Zur Demonstration suchte er sich einen Menschen und blies vehement auf ihn ein. Aber je stärker er blies, desto enger wickelte sich der Mensch in seinen warmen Mantel.

Als die Sonne an der Reihe war, breitete sie ihre freundlichen, warmen Strahlen über dem Menschen aus, bis sich dieser entspannte und aus dem Mantel schälte. Fabel von Äsop

Liebe ist die stärkste Macht der Welt.

Liebe ist wie Sonnenenergie. Die Energie der Sonne ist einfach da, wir brauchen sie nur durch uns hindurchzulassen – und indem wir sie weitergeben, kommt sie zu uns zurück.

Vergleichen wir die Liebe mit heller Energie, so ist die Angst eine dunkle Energie.

Das Helle vertreibt das Dunkle.
Die Liebe vertreibt die Angst.

Thorwald Dethlefsen bietet uns folgende Sichtweise an:

Nehmen wir an, wir haben einen mit Licht ausgefüllten Raum – außerhalb des Raumes herrscht Dunkelheit. Man kann die Türen und Fenster öffnen und die Dunkelheit hereinlassen – die Dunkelheit wird nicht den Raum verdunkeln, sondern das Licht wird die Dunkelheit in Licht verwandeln. Kehren wir das Beispiel um: Wir haben einen dunklen Raum, der außen von Licht umgeben ist. Öffnen wir nun wieder Türen und Fenster, so wird diesmal wieder das Licht die Dunkelheit vertreiben und den Raum mit Licht erhellen.

Liebe ist ein kraftvolles und energiespendendes Lebensprinzip, wenn Sie es zulassen.

Lieben Sie das Leben, wie es ist – auch wenn es schwierig ist!

Warum? Weil Sie keine andere Möglichkeit haben, Ihre innersten Ängste zu überwinden. Nur dann wird sich Ihr Leben richtig entfalten können. Liebe drückt sich in ganz bestimmten Eigenschaften aus, wie Freundlichkeit, Güte, Toleranz, Großzügigkeit, Mitgefühl oder Humor. Wenn jemand so der Welt gegenübertritt, dann ist er ein Liebender. Er nimmt der Welt gegenüber eine liebende Haltung ein.

Liebe ist ein Verhalten, das wir als fühlende Wesen in diese Welt einbringen können. Genau dadurch entsteht die Energie der Liebe. Und diese können Sie nur erleben, in dem Sie an ihr teilnehmen. Liebe ist etwas, was getan werden muss.

Aus der Physik kennen wir das Gesetz von Aktion und Reaktion. Alle Handlungen, aber auch alle Gedanken, die wir als Aktion aussenden, kehren als Reaktion zu uns zurück.

Wenn Ihre Aktion Liebe ist, kommt als Reaktion Liebe zurück.

Ist die Aktion Macht, kommt als Reaktion Macht zurück. Ist die Aktion Verurteilen, kommt als Reaktion Verurteilung zurück. Ist die Aktion Hass, kommt als Reaktion Hass zurück. Also wäre es doch sinnvoll, Liebe zu senden, um dann als Reaktion Liebe empfangen zu können.

Üben Sie täglich, um noch ein bisschen mehr von diesem Licht, dieser Wärme, dieser wunderbaren Energie in Ihr Leben und das Leben der Menschen um Sie herum zu bringen. Sie erhalten als Reaktion die wunderbare Energie der Liebe zurück.

Liebe ist das einzige in unserem Leben,
das sich vermehrt, je mehr wir davon geben.

Sich wieder gut sein

Paul beschloss im Alter von 33 Jahren, seinem Vater zu sagen, wie sehr er ihn liebe. Ihre Beziehung war bis dahin etwas stürmisch gewesen.

„Ich wollte meinem Vater sagen, dass ich das, was er im Laufe der Jahre für mich getan hatte, wirklich zu schätzen weiß. Ich wollte ihn wissen lassen, dass ich dankbar dafür war, dass er mich immer von den Pfadfindern abgeholt hatte, dankbar, dass er mir immer beim Fußballspielen zugesehen hatte und dass er zwei verschiedene Stellen annahm, um mir das Studium zu ermöglichen. Ich wollte ihm sagen, dass ich ihn trotz allem sehr mag. Er wohnt nur fünfzig Meilen entfernt. Aber ich fürchtete mich davor, es ihm direkt zu sagen. Ich war sogar zu feige, es ihm am Telefon zu sagen. Also beschloss ich, ihm einen Brief zu schreiben:

Lieber Vater,
ich weiß, wir haben in letzter Zeit einige Probleme miteinander gehabt und zum Beispiel seit fünf Jahren nicht mehr miteinander gesprochen...,

und ich fuhr fort, ihm zu sagen, dass ich ihn trotz unserer Differenzen sehr liebe und bewundere. Ich schrieb ihm all die Dinge, die ich ihm nicht sagen konnte, und schickte den Brief ab.

Einige Tage später kam ein Telefonanruf. Mein Vater war am Apparat: „Paul, ich bin es, Vater. Wir haben deinen Brief erhalten. Hier ist Mutter." Diese Unterhaltung war zwar kurz, war aber immerhin ein Anfang!

Einige Wochen später beschloss ich, hinzufahren und meinem Vater beim Bocciaspielen in seinem Club zuzusehen. Er hatte mir jahrelang beim Sport zugesehen, und ich dachte mir, nun könne ich ihm einmal zusehen. Nach dem Spiel nahm er mich mit ins Clubhaus und stellte mich einigen seiner Freunde vor. Er stellte mich dem Typen, der am nächsten stand, vor und dieser sagte: „Paul! Sie sind derjenige, der den Brief geschrieben hat!" Der nächste, dem ich vorgestellt wurde, sagte: „Freut mich, Sie kennenzulernen. Sie müssen derjenige sein, der den Brief geschrieben hat. Raten Sie einmal, was der nächste sagte: „Sie müssen derjenige sein, der diesen Brief geschrieben hat." Es waren ungefähr dreihundert Leute im Club, und es schien so, als wisse jeder von dem Brief, den ich meinem Vater geschickt hatte. Womöglich hatte er ihn an die Anschlagetafel geheftet oder in den Clubnachrichten veröffentlicht! Ein Mann sagte mir: „Ich besitze zwei Millionen Dollar, und für einen solchen Brief von meinem Sohn würde ich jeden einzelnen Penny davon hergeben."

Paul sagt: „Mein Vater und ich begannen nun, die Wochenenden miteinander zu verbringen, miteinander in Winterurlaub zu gehen; unsere Beziehung war ganz verändert. Früher konnte ich nicht mit ihm reden. Jetzt umarmt er mich jedes Mal wie ein Bär, wenn wir uns sehen."

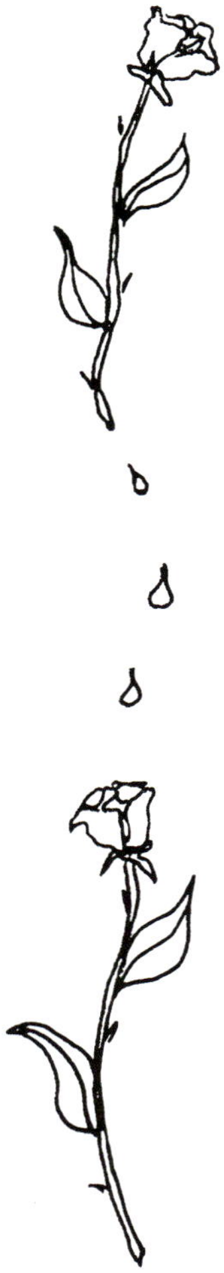

Liebe ist wie Duftwasser.
Du kannst es nicht
über einem anderen ausgießen,
ohne selbst etwas
davon abzubekommen.

Wer ist stärker – drei Jungen oder ein Mädchen?

Drei Jungen aus der Stadt verbrachten ihre Ferien auf einem Bauernhof. Eines Tages war ein junges Kalb aus dem Stall ausgebrochen, und die drei versuchten nun mit aller Gewalt, dieses Jungtier wieder in den Stall zu befördern.

Einer nahm es an seinen kleinen Hörnern, die anderen drückten und schoben es von hinten. Doch je mehr sie das taten, desto steifer und halsstarriger stemmte sich das Kalb ihnen entgegen. Es rührte sich einfach nicht vom Fleck.

Da kam die Tochter des Bauern hinzu. Sie lächelte, ging zu dem Kalb hin und steckte ihren Finger in dessen Maul. Das Kalb begann vergnügt an dem Finger zu saugen und folgte dem Mädchen, wohin es wollte. Mühelos brachte sie es in den Stall zurück.

Die drei Stadtjungen sahen verblüfft dem Geschehen zu und kratzten sich verlegen am Kopf: „Da haben wir was falsch gemacht", erkannte einer. Und in der Tat, das hatten sie: Denn sie hatten darauf bestanden, dass das kleine Kalb das tun sollte, was sie von ihm verlangten – sie haben nicht bedacht, was das Kalb wollte. Die Methode des jungen Mädchens war deshalb erfolgreich, weil auch das Kalb bekam, wonach es verlangte.

William Barclay

Lass es nicht zu,
dass du jemandem begegnest,
der nicht nach einer Begegnung mit dir
glücklicher geworden ist.

Mutter Teresa

Freundschaft bereichert das Leben

Im Laufe unseres Lebens begegnen uns viele Menschen, aber nur wenige berühren unsere Herzen. Diese Wenigen werden uns immer viel bedeuten. Denn sie sind das, was unser Leben wertvoll macht: Sie sind unsere wahren Freunde!

Das Schönste an einer Freundschaft ist nicht die ausgestreckte Hand oder das freundliche Lächeln, sondern das Gefühl, jemanden zum Freund zu haben, der an einen glaubt und einem sein Vertrauen schenkt. Ein Freund, der uns mag, obwohl er uns kennt. Emerson

Oft heißt es, in der Not brauche man Freunde. Aber, Hand aufs Herz, würden Sie als Freund oder Freundin nicht auch denken: „Der ruft auch nur an, wenn er mich braucht!"?

Freunde sind jedoch in guten Zeiten genauso wichtig. Wenn wir glücklich und erfolgreich sind, wenn unser Herz vor Freude überschäumt, dann möchten wir dieses Glück mit jemandem teilen.

**Geteiltes Leid ist halbes Leid,
aber geteilte Freude ist doppelte Freude!**

Wie finden Sie richtige Freunde? Schreiben Sie doch einmal auf, welche Eigenschaften Sie sich von einem guten Freund wünschen. Vielleicht stellen Sie nun fest, dass nicht alle Ihrer Freunde diese Anforderungen erfüllen. Dann mache ich Ihnen einen ungewöhnlichen Vorschlag: Drehen Sie den Spieß doch einmal um!

Erfüllen Sie selbst die gewünschten Eigenschaften, die Sie sich von einem guten Freund wünschen? Fragen Sie sich ehrlich: „Möchte ich mit mir befreundet sein?"

Woher haben wir diese gedankliche Sackgasse, von anderen zu erwarten, was wir selbst nicht vermögen?

Es ist sicher schwer, wirklich gute Freunde oder Freundinnen zu haben, aber es ist noch viel schwerer, ein wirklich guter Freund zu sein.

Wer gute Freunde haben will, muss erst selbst ein guter Freund werden.

Gute Freunde bekommt man nicht geschenkt, man muss sie sich verdienen.

Zwei Fragen sollten Sie sich regelmäßig beantworten:

1. Wer sind meine echten Freunde?

Das sind die, denen ich ohne Einschränkung echten Erfolg gönne.

2. Was kann ich für meine Freunde tun?

Halte ich regelmäßig Kontakt?

Nehme ich mir die Zeit, um mit Rat und Tat zur Seite zu stehen?

Wann habe ich das letzte Mal „danke" gesagt, oder „Schön, dass es dich gibt"?

Freundschaft ist nicht nur ein köstliches Geschenk, sondern auch eine dauernde Aufgabe. Ernst Zacharias

Für unsere Lebensfreude und persönliche Entwicklung ist es wichtig, mit welchen Menschen wir täglich Umgang pflegen.

Umgeben Sie sich mit positiv denkenden Menschen.

Ein bekannter Rhetoriker hat einmal gesagt: „Als meine Freunde mir immer wieder sagten, dass aus mir nie ein großer Redner werden würde, beschloss ich, etwas zu tun: Ich suchte mir neue Freunde."

Genauso sollten Sie Ihren Weg gehen. Was Sie brauchen, ist ein guter Freund, der Ihnen hilft das zu schaffen, was Sie schaffen können oder wollen.

Mit einer Freundin wie dir ist das Leben wunderbar!

Die Freundschaft
ist eine Kunst der Distanz,
so wie die Liebe
eine Kunst der Nähe ist.

Sigmund Graff

Das schönste Denkmal,
das ein Mensch bekommen kann,
steht in den Herzen seiner Freunde.

Reichtum oder Armut? Sie haben die Wahl!

**Denke reich und du wirst reich,
denke arm und du ziehst den Mangel an.**

Geld ist nicht die Ursache allen Übels, sondern viel eher ist Geldmangel die Ursache ungezählter Probleme.

Armut ist die schlimmste Krankheit der Welt. Das beste, was Sie für die Armen tun können, ist, nicht zu ihnen zu gehören.
A. Matthews

Wer Armut als unabänderliches Schicksal hinnimmt, hat sich aufgegeben und ist verloren. Diese Menschen schimpfen über zu teure Preise, über zu hohe Mieten, etc. Sie suchen nach Gründen, Ausreden und Entschuldigungen. Das eine Mal ist der Staat schuld, das andere Mal sind die Steuern zu hoch, ist das Gehalt zu niedrig und überhaupt ist alles viel teuerer als früher. Alle sind schuld, nur sie selbst nicht.

Beantworten Sie sich einmal folgende entscheidende Frage:

Wie ist Ihr Verhältnis zum Geld?

Durch Ihre geistige Einstellung entscheiden Sie, ob Sie wohlhabend oder arm sind, ob Sie das Geld anziehen oder abstoßen.

Von Ralph Tegtmeier wissen wir, dass sieben von zehn Lottomillionären bereits nach einem Jahr ärmer sind als je zuvor! Diese Menschen haben nicht gelernt, wie ein Millionär zu denken, zu arbeiten und zu leben.

Entsprechend Ihrem inneren Reichtum wird sich auch Ihr äußerer Reichtum entwickeln.

Sagen Sie „ja" zum Geld, und es wird ihm eine Freude sein, Ihnen zu dienen.

Doch vielleicht blockieren Sie innere Anti-Reichtums-Programme. Es gibt eine Vielzahl unterschwelliger Weisheiten, die uns anerzogen wurden:

- Alle Reichen sind Halsabschneider.
- Mit Ehrlichkeit kann man nicht zu Reichtum kommen.
- Wer Geld hat, hat keine echten Freunde.
- Geld macht nicht glücklich.
- Geld verdirbt den Charakter.

„Geld verdirbt den Charakter" bedeutet sicherlich nicht, dass alle Menschen, die kein Geld besitzen, einen guten Charakter haben.

Deshalb: Denken Sie nie schlecht über Geld, es könnte schnell beleidigt sein und sich von Ihnen abwenden.

Alle erfolgreichen und wohlhabenden Menschen haben etwas gemeinsam: Sie hatten eine Vision, ein klares Ziel und sie haben konstant dafür gearbeitet.

Nehmen Sie sich z. B. vor, innerhalb eines Jahres so viel Geld zusätzlich zu verdienen, wie beispielsweise ein Fünfer im Lotto bringen würde. In Biographien erfolgreicher Menschen finden sich immer wieder Berichte von Nebenjobs – als Taxifahrer, Zeitungsausträger, Buchautor, Seminarleiter...

Fantasie und Entschlossenheit sind Ihre Geldboten.

Vermeiden Sie jedoch Wünsche und Träume, die sich selbst boykottieren. Zum Beispiel den Traum vom großen Glück, dass Sie als Star entdeckt werden, einen unbekannten reichen Onkel beerben oder einen großen Lottogewinn erhalten. Damit setzen Sie in sich keine Motivation frei und kein Handeln in Gang, sondern verurteilen sich zur Passivität.

Denke reich und du wirst reich.

Der größte Reichtum ist in dir

Sokrates glaubte, ein weiser Mensch würde instinktiv ein einfaches Leben führen. Er selbst trug nicht einmal Schuhe. Und doch fühlte er sich immer wieder vom Marktplatz angezogen und besuchte ihn häufig. Als einer seiner Freunde ihn fragte, warum er dies täte, antwortete Sokrates: „Ich erfreue mich daran, immer wieder festzustellen, wie viele Dinge es gibt, die ich nicht brauche."

Das einzige Ziel vieler Menschen ist es, ein „dickes Bankkonto" zu besitzen und „Kohle ohne Ende" zu machen. So wird zum Lebensmittelpunkt, dem Geld hinterherzujagen und es gierig zu raffen. Vielleicht sind sie dann die Reichsten, die auf dem Friedhof liegen, doch was nützt es ihnen dann noch?

Das Leben selbst ist unser größter Reichtum.

Die wertvollsten Dinge des Lebens wurden uns geschenkt: Talente, Gesundheit, Liebe, Freiheit und unsere Existenz an sich. Schade nur, dass wir uns an ihnen oft nicht recht erfreuen können.

Wir sind zu sehr von dem Zwang behaftet, dass wir nicht genug von sehr nebensächlichen Dingen wie Geld, teuerer Kleidung, Prestigeobjekten etc. besitzen.

Nicht wer viel besitzt ist reich, sondern wer viel gibt. E. Fromm

Die meisten Menschen erwachen leider erst dann, wenn es zu spät ist, wenn sie unheilbar krank sind und ihre Lebenserwartung nur noch kurz ist. Plötzlich nehmen diese Betroffenen Dinge wahr, die sie zwanzig Jahre und mehr gar nicht beachtet haben.

Im Angesicht des Todes entdecken viele den Reichtum des Augenblicks als kostbarstes Geschenk.

Von diesen Menschen können wir lernen.

Eine Gruppe ehrwürdiger, älterer Japaner traf sich regelmäßig, um die Teezeremonie zu zelebrieren. Es war ihre Passion, extravagante Teesorten ausfindig zu machen und neue Mischungen zu kreieren. Als das älteste Mitglied der Gruppe an der Reihe war, die anderen zu bewirten, ließ dieser den Tee mit der ausgesuchtesten Zeremonie servieren. Jedermann war des höchsten Lobes voll und wollte wissen, wie er diese hervorragende Mischung zusammengestellt hatte. Der alte Mann lächelte und sagte: „Meine Herren, den Tee, den Sie so köstlich finden, trinken die Bauern auf meiner Farm."

Die besten Dinge im Leben sind weder teuer noch schwer zu finden.

Reichtum ist etwas Relatives. Für den Bettler bedeutet ein warmer Mantel schon Reichtum und andererseits kann sich ein Millionär arm fühlen.

Reichtum bedeutet Abhängigkeit von Dingen, die man besitzt und die man durch neuen Besitz, durch neue Abhängigkeiten vor dem Dahinschwinden schützen muss. Es ist nur eine materialistische Unsicherheit. F. Kafka

Geld zu haben ist schön,
solange man nicht die Freude an Dingen verloren hat,
die man nicht für Geld kaufen kann.

Salvador Dali

Konsumrausch – meist eine Flucht

Manche Menschen bleiben arm, weil sie alles daran setzen, als reich zu gelten.

Sokrates Ehefrau beschwerte sich bei ihrem Mann, dass er mit der Philosophie zu wenig Geld verdiene und sie sich deshalb keine kostbaren Kleider kaufen könne. Da antwortete Sokrates: „Willst du wegen der kostbaren Kleider geliebt werden, oder willst du als die Frau geliebt werden, die du bist?"

Was bedeutet eigentlich „Wohlstand" in unserer Gesellschaft?

Wohlstand heißt für viele: das neueste Auto, die Traumvilla, der teure Schmuck, die Traumreise.... Na ja, wer will das nicht? Wir werden ständig überflutet von den Symbolen des Reichtums, vor allem in der Werbung. Oft nimmt der Erfolg konkrete Gestalt an:

Großkotzig gibt dort ein junger, durchgestylter Typ im Ferrari an: „Die kleinen Annehmlichkeiten des Lebens hat man sich eben irgendwann einmal verdient...!"

Die Werbung will uns suggerieren: Wenn du dieses Produkt hast, bist du automatisch auch erfolgreich und glücklich. Jeder von uns weiß im Grunde, dass es so einfach doch nicht ist.

Wohlstand stellt sich nämlich nicht durch Haben, sondern durch Tun ein!

Werbespots zeigen uns häufig die Früchte des Erfolges. Sie locken uns einerseits, beweisen uns jedoch andererseits auch, dass wir diese Erfolge oftmals eben nicht erreicht haben. Deshalb fühlen wir uns dann unter Umständen erfolglos und unglücklich.

Wenn Sie aber glauben, erfolglos zu sein, dann werden Sie es auch bleiben.

Alles was uns wirklich nützt, ist für wenig Geld zu haben. Nur der Überfluss kostet viel.

Warum sind Menschen oftmals so süchtig, Dinge anzuhäufen?

Wenn der Sperling im Wald sein Nest baut, braucht er dazu nur einen einzigen Ast. Wenn das Wild am Fluss seinen Durst stillt, trinkt es nie mehr, als es vertragen kann.

**Nur der Mensch sammelt Dinge,
um die Leere seines Herzens zu füllen.**

Wie glücklich oder unglücklich wir sind, hängt eher davon ab, wie wir die Ereignisse wahrnehmen und ihnen gegenübertreten als von den Ereignissen an sich. Wenn wir unser Leben nicht genießen können, stimmt etwas Grundlegendes mit uns nicht.

**Derjenige, der seinen Wohlstand verliert, verliert viel.
Derjenige, der einen Freund verliert, verliert mehr.
Doch derjenige, der sein Selbstwertgefühl verliert, verliert alles.**

Nur das Schielen auf Geld macht unglücklich und unzufrieden. Daher gibt es so viele reiche Menschen, die trotz ihres Geldes todunglücklich sind. Sie können im teuersten Hotel der Welt die bittersten Tränen weinen und am schönsten Strand sterbenseinsam sein.

Wer glücklich ist, hat die Chance, wirklich reich zu werden. Wer unglücklich ist und darauf hofft, durch mehr Geld glücklicher zu werden, hofft vergebens. R. Carlson

Manche Menschen kaufen mit Geld, das sie nicht haben,
Dinge, die sie nicht brauchen,
um damit Menschen zu imponieren, die sie nicht mögen.

Zeitstruktur „Glotze"

„Die bringen heute wieder nichts Gescheites! Haben wir noch einen Pack Salzstangen?"

„Gib mir mal den Quellekatalog, mal sehen, was wir noch gebrauchen können."

„So ein Sauwetter, hoffentlich wird das mit dem Hoch Martha anders."

„Der Kanzler müsste mal ein Machtwort sprechen. Überall Lug und Trug. Ist die Haustüre abgeschlossen?"

„Die Privaten haben doch ein interessanteres Programm."

„Wo sind denn die Streichhölzer?"

„Mit Kerze ist das doch gemütlicher."

„Bei den Benzinpreisen haben die auch schon wieder aufgeschlagen."

„Wir dürfen nicht vergessen, morgen die Emmy anzurufen: Die hat Geburtstag."

„Der Martini ist leer."

„Kinder, wie die Zeit vergeht. Schon wieder 0 Uhr."

„Man kommt aber auch zu gar nichts!"

Manfred Molicki

Mensch, ärgere dich nicht

Ein Lebensmittelhändler kam voller Ärger zu einem Weisen und sprach: „Seit 100 Jahren betreibt unsere Familie den Laden, und jetzt wird genau gegenüber ein Supermarkt eröffnet. So eine Frechheit! Es reicht nie für beide!" Der Weise sagte: „Wenn du den Besitzer des Supermarktes fürchtest, wirst du ihn hassen und der Hass wird dein Ruin werden!" „Und was soll ich tun?" fragte der Händler, „Ich habe nichts anderes gelernt." „Stelle dich täglich morgens vor deinen Laden, segne dein Geschäft und wünsche dir, dass es gutgehen möge. Dann drehe dich um und segne auch den Supermarkt und wünsche ihm gute Geschäfte." „Was?" schrie der Händler aufgebracht, „meinen Konkurrenten und Verderber segnen? Das wäre ja noch schöner!" Der Weise erklärte: „Jeder Segen, den du ihm zukommen lässt, wird zu deinem Besten ausschlagen. Alles Böse, das du ihm wünscht, wird dich zerstören."

Nach sechs Monaten kam der Lebensmittelhändler wieder und berichtete, dass er seinen Laden schließen musste. Er sei aber nun Verwalter des Supermarktes gegenüber, und seine Lage sei besser als je zuvor.

Zorn ist der Unmut über etwas, das wir als Unrecht empfinden, weil es anders als unsere persönlichen Vorstellungen und entgegen unserem Ego abläuft.

**Ob du dich ärgerst, ist deine Sache -
du kannst es aber auch lassen!**

Ärger entsteht im Allgemeinen durch Erwartungen, die nicht erfüllt werden: Man fühlt sich enttäuscht und wird unzufrieden. Ärger nimmt uns die Lebensfreude und hemmt unsere Kreativität. Wenn Sie sich über jemanden ärgern, treffen Sie damit jedoch gar nicht den, der Ihren Ärger ausgelöst hat, Sie schaden immer nur sich selbst.

Wie heißt es doch so schön: „Ich ärgere mich" – und über wen ärgere ich mich? Über mich!

Liebe verdrängt jeden Ärger.

Liebesfähigkeit ist etwas, was wir erlernen können. Kommt Ihnen folgende Situation bekannt vor?

Ein wöchentliches Meeting mit allen Teilnehmern findet statt. Ich komme mit allen sehr gut klar, bis auf diese eine Person. Ich fühle mich von ihr abgelehnt. Sie unterbricht mich ständig, wenn ich etwas beitragen will mit: „So ein Quatsch!" Allein der Gedanke an diese Person lässt mir schon die Galle hochkommen. Was normalerweise passiert, ist folgendes: Diese Person schickt mir negative Energien. Was wir bekämpfen, machen wir stark, d. h. dadurch, dass diese Person mich ärgert, macht sie genau die Dinge in mir stärker, die sie eigentlich bekämpfen möchte. Also reagiere ich entsprechend. Dadurch schaukelt sich die gegenseitige Antipathie hoch und eskaliert schließlich.

Es gibt nichts Gutes, außer man tut es.
Erich Kästner

Versuchen Sie doch einmal folgende mentale Übung:

Konzentrieren Sie sich einige Wochen dreimal täglich für drei Minuten auf diese Person und schicken Sie ihr wohlwollende, positive Gedanken wie: Ich wünsche ihr eine harmonische Partnerschaft, glückliche Kinder, Gesundheit und ein langes Leben. Ich wünsche dieser Person, dass sie einen wichtigen Auftrag bekommt... Immer, wenn sie dieser Person begegnen, schenken Sie ihr ein Lächeln, auch wenn es schwerfällt. Nach vier bis sechs Wochen wird sich in dieser Beziehung etwas zum Positiven verändert haben. Es geht gar nicht anders.

**Die kürzeste Entfernung zwischen zwei Menschen ist ein Lächeln.
Ein Pfeil kann sein Ziel verfehlen, ein Lächeln nie.**
Kurt Tepperwein

Wer sich eine Minute lang ärgert, sollte bedenken,
dass er 60 Sekunden Fröhlichkeit verliert!

Gerhard Uhlenbruck

Ein freundliches Wort
kostet nichts
und ist doch das Schönste
aller Geschenke.

Daphne du Maurier

Humorvolle Menschen
finden immer einen Nagel,
an dem sie ihren
Alltagsärger hängen können.

Irmgard Erth

Du kannst dich den ganzen Tag ärgern – verpflichtet bist du nicht dazu!

Fragt der Schüler den Meister: „Gibt es Wege, die eigene Stärke zu messen?" Antwortet der Meister: „Viele." Bittet der Schüler: „Nenne mir einen!" Der Meister: „Finde heraus, wie oft du dich im Laufe eines einzigen Tages aufregst."

Wir schaffen uns unseren Himmel und unsere Hölle selbst.

Den meisten Menschen bleiben Komplimente nur wenige Minuten in Erinnerung, Beleidigungen jedoch jahrelang. Sie sammeln Ärger, der ihnen dreißig Jahre zuvor an den Kopf geworfen wurde und schleppen diesen mit sich herum.

Anna erinnert sich spontan: „An einem Spätsommertag 1969 sagte Bernd zu mir, ich sei fett, blond, blöd und zickig!" Die Komplimente, die er ihr seither machte, hat sie längst vergessen, aber den Ärger von 1969 trägt sie heute noch in sich.

Hatten Sie Streit mit jemandem und ärgern sich wahnsinnig? Bedenken Sie: Der andere hat seinen Ärger bei Ihnen abgeladen. Und Sie haben es zugelassen, sich über diese Unverschämtheit zu ärgern. Ihr Tag ist womöglich für heute dahin, seiner nicht! Der andere fühlt sich frei, Sie aber schieben den Ärger vor sich her.

Sie können sich ein Leben lang über den Stau, den unfreundlichen Nachbarn, den Partner, über die Warteschlange an der Kasse, den verflixten Aufkleber der nicht abgeht, ärgern – **Sie können es aber auch lassen!**

Erste Hilfe bei Ärger nach Dr. Strunz:

1. Ausatmen – Schultern fallen lassen
2. Singen Sie mindestens eine Minute lang:

**Ich bin froh und heiter,
das Glück ist mein Begleiter.**

Wenn Sie es etwas feierlicher wünschen, hilft Ihnen vielleicht:

„Friede sei mit mir, Friede sei mit dir!"

Es sollten Sätze sein, die Ihre Stimmung neutraler werden lassen. Zudem ist es oft hilfreich, sich eine Zeitlang von der betreffenden Stelle zu entfernen, bis sich Ihr Gemüt etwas abgekühlt hat.

Reife Menschen schaffen es, sich über die bösen Bemerkungen anderer nicht zu ärgern.

Ärger sollten Sie keinesfalls hinunterschlucken. Es ist vernünftig, Ärger auszudrücken, allerdings nur, wenn Sie dabei rational bleiben. Benutzen Sie Formulierungen, die mit „Ich" beginnen, beispielsweise: „Ich bin ärgerlich, weil..." Vermeiden Sie „Du-Sätze", wie z. B.: „Immer musst Du..."

Vielleicht kennen Sie dieses alte Sprichwort:

Eines Tages wirst du zurückblicken und darüber lachen.

Warum eigentlich nicht jetzt gleich darüber lachen? Wenn Sie stocksauer sind und jemand brächte Sie zum Lachen, dann würden Sie sich innerhalb von zehn Sekunden den ganzen Stress „aus dem Körper lachen".

Mit dem „Lächeleffekt" von Vera F. Birkenbihl funktioniert es genauso. (siehe: Lachen ist gesund S. 30)

Sie brauchen nichts weiter zu tun, als eine Minute lang von einem zum anderen Ohr zu grinsen. Sie werden sehen, anschließend sind Sie gleich ausgeglichener und heiterer.

Wenden Sie diesen Trick an, wenn Sie verärgert sind. Er beschwingt nicht nur Ihr Gemüt, sondern verschafft Ihnen auch wieder einen klaren Kopf.

Ändere die Situation oder deine Einstellung dazu!

**Wer lächelt, statt zu toben,
ist immer der Stärkere!**

Chinesische Weisheit

Um ein böses Gesicht zu machen, musst du
65 Muskeln anstrengen, um zu lächeln, brauchst du nur zehn.
Überanstrenge dich nicht!

Cyril N. Parkinson

Wer die Welt verändern will, muss bei sich selbst anfangen

Wenn du das Land in Ordnung bringen willst, musst du erst die Provinzen in Ordnung bringen.
Wenn du die Provinzen in Ordnung bringen willst, musst du erst die Städte in Ordnung bringen.
Wenn du die Städte in Ordnung bringen willst, musst du erst die Familien in Ordnung bringen.
Wenn du die eigene Familie in Ordnung bringen willst, musst du erst dich selbst in Ordnung bringen.
Östliche Weisheit

Eine verheiratete Mutter arbeitet halbtags, um sich ein Taschengeld zu verdienen. Dennoch hat sie einfach kein Geld für eigene Aktivitäten, da der Zusatzverdienst immer mit in die Familienkasse fließt. Die junge Frau ist unzufrieden, nörgelig und leidet bereits seit längerem unter Magenproblemen. Aber sie weiß genau, warum sie sich in diesem Zustand befindet und vor allem, wer dafür verantwortlich ist. Sie schiebt die Schuld auf ihre verkorkste Kindheit, die falsche Ausbildung, den ungeduldigen Ehemann, die quengeligen Kinder, die unmögliche Schwiegermutter, die gegenwärtige Regierung und sowieso die augenblickliche Lage. Sie hat eine ganze Liste davon im Kopf. Und endlich kommt sie zu dem äußerst bequemen Schluss: „Es ist ganz logisch, dass ich mich so elend fühle."

Ist es wirklich in Ordnung, sich schlecht zu fühlen, wenn man nur genügend Entschuldigungen dafür hat?

Wenn Sie Schwierigkeiten mit Ihren Mitmenschen haben, dann machen Sie sich jetzt auf einen Schock gefasst: Mit Ihnen selbst stimmt etwas nicht!

Wenn du mit einem Zeigefinger auf andere Menschen zeigst, zeigen drei Finger auf dich zurück!
Gustav Heinemann

Ärgern wir uns über jemanden oder geht uns etwas auf die Nerven, dann sollten wir versuchen zu erforschen, welche unserer Schwächen damit zu tun hat. So funktionieren die Naturgesetze: Ganz einfach und absolut präzise! Eines der fundamentalen Naturgesetze lautet: „Ändere dich selbst, dann verändert sich automatisch die Welt um dich herum!" Befreien Sie sich von der Einstellung, dass andere für Ihre Lebensumstände verantwortlich sind! Viele Menschen neigen dazu, Zeit ihres Lebens andere für ihre eigenen Probleme verantwortlich zu machen – gehören Sie auch dazu? Die Liste der Entschuldigungen, die sogenannten „Ja,-aber...-Sätze" mag lang sein – wenn Sie nicht das Leben führen, das Sie gerne hätten und nicht die Dinge tun, die Sie gerne täten, sind Ausreden oder Entschuldigungen kein wirklicher Ersatz.

Jammern ist immer Ausdruck von Unfähigkeit.
Josef Schmidt

Schauen Sie sich doch einmal bewusst um: Sie werden Menschen entdecken, die wider Erwarten glücklich und zufrieden sind. Sie werden Menschen antreffen, die ohne Ausbildung erfolgreich sind. Sie werden Menschen finden, die trotz sechs Kindern ein ausgeglichenes und harmonisches Leben führen. Und Sie werden Menschen begegnen, die ihre Ehe aus der Eiseskälte gehoben und sich wieder ineinander verliebt haben.

Diese Menschen sind unsere Vorbilder. Sie haben die Verantwortung für sich und ihr Leben übernommen und sind zur gleichen Einsicht gelangt, wie einst die Frau, die sagte:

„Früher schob ich die Schuld immer auf das Wetter, bis ich herausfand, dass es für die glücklichen und erfolgreichen Menschen genauso regnet."

Übernehmen Sie die volle Verantwortung für Ihr Leben. Sie haben nur dieses!

Höre damit auf, andere für deine Lebensumstände verantwortlich zu machen!

Erwartungen

Seit Generationen ist es in einer Familie Tradition, dass alle männlichen Nachkommen den Arztberuf ausüben. Als nun der Jüngste vor der Berufswahl steht, ist es für seinen Vater selbstverständlich, dass auch er Medizin studiert und später seine Praxis übernehmen wird. Der junge Mann möchte aber viel lieber Architekt werden. Doch um seinen Vater nicht zu enttäuschen, quält er sich durch das Studium. Dabei wird ihm immer bewusster, dass er gar nicht Arzt werden will.

Als nun der stolze Vater den Eintritt seines Sohnes in seine Praxis mit einer großen Feier bekannt gibt, bemerkt er nicht, dass einer allein und unglücklich das Fest verlassen hat – „sein" Sohn.

Wir sind nicht auf der Welt, um so zu sein, wie uns andere gerne hätten.

Besonders Menschen mit ausgeprägtem Helfersyndrom leiden oft unter ihren Erwartungshaltungen. Das sind Menschen, die häufig anderen unaufgefordert Hilfe anbieten, wie beispielsweise Mütter, die ständig Kindern liegengebliebene Schulsachen nachfahren oder ihrem Mann täglich die Kleidung zum Anziehen heraussuchen usw., also sich in Dinge einmischen, die sie nichts angehen. Dem Kind wird die Möglichkeit genommen, sich zu einem verantwortungsbewussten Menschen zu entwickeln, und der Mann wird wie ein Kind behandelt.

Eine Frau kann deshalb nicht mit einer Freundin zwei Tage zum Wandern in die Berge fahren, weil ihr Mann zu Hause scheinbar nicht überlebensfähig ist. Darüber ist sie natürlich verärgert. Sie tut so viel für ihren Mann, und er vergönnt ihr diese zwei Tage mit ihrer Freundin nicht!

Ihre Freundin gibt ihr den lebenswichtigen Tipp: „Fahr trotzdem! Wenn dein Mann fähig ist, ein Auto zu fahren, dann wird er auch diese zwei Tage überstehen."

Erwarte wenig und sei dankbar.

Nehmen wir einmal an, Sie beschließen spontan, das Auto Ihrer Partnerin zu waschen und auf Hochglanz zu polieren, um sie damit zu überraschen. Ihre innere Motivation dabei ist: „Sicher wird sie mir dafür sehr dankbar sein." Wenn Ihre Partnerin Sie dafür mit Dank überschüttet, dann ist das nett – sozusagen eine Sonderprämie. Wenn nicht, dann ist es auch in Ordnung. Bereiten Sie anderen bedingungslos eine Freude – ohne etwas dafür zu erwarten!

Bedingte Liebe und Helfersyndrom – wo liegen die Ursachen? Ein wesentlicher Teil ist die Unehrlichkeit zu sich selbst. „Du sollst nicht lügen," das lernten wir alle – aber keiner lehrte uns: „Du sollst ehrlich zu Dir selbst sein." Deshalb sollten Sie sich ständig hinterfragen:

Tu ich es, weil ich es will, oder tu ich es, weil die anderen es von mir erwarten?

Eine weitere Ursache ist die Sucht nach Anerkennung. Sucht heißt im Grunde, dass man etwas am falschen Platz sucht, nämlich Liebe, Harmonie, Freude und Selbstbestätigung.

Wenn wir etwas für andere tun, um Liebe oder Anerkennung zu erhalten, dann geschieht das, weil wir unser eigenes, sehr geringes Selbstbewusstsein durch die Bestätigung von außen aufzuwerten versuchen. Das Ergebnis wird häufig eine Enttäuschung sein, denn wir müssen erst lernen, uns so zu akzeptieren, wie wir sind – bedingungslos – dann ist das Fundament für mehr Selbstbewusstsein und Selbstsicherheit geschaffen. Erst wenn wir diese Anerkennung in uns gefunden haben, sind wir fähig, anderen bedingungslos Freude zu bereiten, das heißt, „zu geben ohne zu erwarten". Das Ergebnis ist:

Vieles was Sie nicht erwarten, bekommen Sie geschenkt.

Erwartungen sind das sicherste Rezept für Enttäuschungen.

Sorge dich nicht – lebe! Dale Carnegie

„Was ist der größte Feind der Liebe?" fragt der Schüler den Meister. „Die Angst!" „Und woher kommt die Angst?" „Aus der Einbildung." „Und was ist Einbildung?" „Zu denken, dass die Blumen neben dir giftige Schlangen seien." „Wie kann ich die rettende Liebe erreichen?" „Öffne deine Augen und sieh!" „Was?" fragt der Schüler. „Dass keine einzige Schlange in der Nähe ist!"

Eine Untersuchung von Erik Verk hat ergeben:

- Zu 40 % ängstigen wir uns vor Dingen, die nie eintreten.
- Zu 40% fürchten wir Dinge, die wir mit all unseren Kräften aus der Welt schaffen können.
- Zu 10 % ängstigen wir uns grundlos um unsere Gesundheit.
- Zu 8 % machen wir uns um ganz unbedeutende Kleinigkeiten Sorgen.
- Nur bei 2 % sind begründete, echte Sorgen angebracht.

Ein wissenschaftliches Experiment:

Man sperrte eine Ratte mit einer Katze in einen Käfig, band jedoch beide so an, dass die Katze die Ratte nicht ganz erreichen konnte. Ratten leben ca. zwei Jahre, die Versuchsratte jedoch starb bereits nach vier Wochen. Die eigene Angst hatte sie umgebracht.

Unser Schicksal wird durch zwei Kräfte gestaltet: durch Wünsche und durch Ängste. Aus der Angst heraus entstehen alle Verhaltensweisen, die uns negativ erscheinen, wie Unzufriedenheit, Krankheit, Unordnung, Ärger, Hass, Krieg, Eifersucht, Schuldgefühle und Zweifel, um die wichtigsten zu nennen.

Die Ursache dieses emotionalen Zustandes ist Mangel an Vertrauen in sich und das Leben.

Angst verengt unser intelligentes Großhirn. Ein souveränes Denken bzw. Verhalten ist in diesem Zustand nur bedingt möglich. Angst blockiert uns und hemmt wie nichts anderes die Entwicklung der Persönlichkeit eines Menschen.
Wie kommt es zu dieser Angst?

Es gibt die Angst bei Gefahr, denken wir an ein heranrasendes Auto. Das Stammhirn reagiert sofort mit dem Reflex „weglaufen" und das bedeutet überleben!

Und es gibt die Ängste aus Kindheitserlebnissen (durch Elternhaus, Schule ect. verursacht), die uns geprägt haben und unbewusst zu Verhaltensweisen wurden.

Angst zerfrisst unsere Energie und unseren Willen, unsere Ziele, unsere Hoffnungen und unsere Wünsche. Ängste zerstören unsere Gegenwart und unsere Zukunft.

Durch innere Gelassenheit verschwinden Ängste und Sorgen. Wir spüren eine bisher noch nie erfahrene Kraft in uns und entwickeln neue Fähigkeiten.

Sie können ängstliche Gedanken nicht daran hindern zu kommen. Sie brauchen ihnen aber nicht den Raum zu geben, sich einzunisten.

Deshalb öffnen Sie die Tür, vor der Sie sich am meisten fürchten, und das Ende Ihrer Angst ist sicher. Vergleichen Sie die Angst mit einem Kuchen und schneiden Sie diesen in viele Stücke. Betrachten Sie jedes Stück genau und fragen Sie sich, was Ihnen schlimmstenfalls passieren kann. Zu 98 % werden sie sagen: „Nichts!"

Also packen Sie eine Situation, in deren Mittelpunkt die Angst steht, mit gesunder Vernunft an und Sie werden den Mut finden, sich noch heute daraus zu befreien!

**Es sind nicht die Dinge die du fürchtest,
sondern immer nur deine Vorstellung davon.**

Epiktet

Spuren im Sand

Ich träumte eines Nachts, ich ging am Meer entlang mit meinem Herrn. Und es entstand vor meinen Augen, Streiflichtern gleich, mein Leben.

Für jeden Abschnitt, wie mir schien, entdeckte ich je zwei Paar Schritte im Sand; die einen gehörten mir, die anderen meinem Herrn.

Als dann das letzte Bild an uns vorübergeglitten war, sah ich zurück und stellte fest, dass viele Male nur ein Paar Schritte in dem Sand zu sehen waren.

Sie verdeutlichten die Phasen meines Lebens, die mir am schwersten waren. Das machte mich verwirrt, und fragend wandte ich mich an den Herrn: „Als ich dir damals alles, was ich hatte übergab, um dir zu folgen, da sagtest du, du würdest immer bei mir sein. Doch in den tiefsten Nöten meines Lebens seh' ich nur ein Paar Spuren hier im Sand. Warum verließest du mich denn gerade dann, als ich dich so verzweifelt brauchte?"

Der Herr nahm meine Hand und sagte: „Nie ließ ich dich allein, schon gar nicht in den Zeiten, da du littest und angefochten warst. Wo du nur ein Paar Spuren hier im Sand erkennst, da trug ich dich auf meinen Schultern."

aus Taizeh

Halte dir jeden Tag
dreißig Minuten für deine Sorgen frei,
und in dieser Zeit
mache ein Nickerchen.

Abraham Lincoln

Positive Lebenssicht

Zwei Männer schlagen in einem Steinbruch Steine. Der erste Arbeiter wird von Journalisten gefragt: „Was machen Sie da?" Er antwortet missgelaunt: „Ich schlage jahrein, jahraus schwere Steine." Der zweite antwortet fröhlich und stolz: „Ich arbeite an einer Kathedrale!"

Beide tun dieselbe Arbeit, aber beide haben eine unterschiedliche Einstellung dazu.

Der Optimist denkt oft ebenso einseitig wie der Pessimist. Nur er lebt froher. Charlie Rivel

Wie gehen Sie mit schwierigen Situationen im Alltagsleben um? Eher wie der Arbeiter eins oder zwei? Pessimisten lenken ihre Aufmerksamkeit auf das Negative, bis sie nur noch Negatives sehen. Optimisten konzentrieren sich auf Positives. Sie brauchen nicht lange, um in allem etwas Gutes zu erkennen.

Der Schwarzseher ist traurig, dass eine Urlaubswoche bereits hinter ihm liegt. Die Frohnatur freut sich, dass noch eine Urlaubswoche vor ihr liegt. Der Negativdenker ärgert sich, dass sein Glas schon halb leer ist. Der Positivdenker freut sich, dass sein Glas noch halb voll ist.

Sobald ein Optimist ein Licht erblickt, das es gar nicht gibt, findet sich ein Pessimist, der es wieder ausbläst. Giovani Guareschi

Unser Denken prägt uns. William James vergleicht unser Gesamtbewusstsein mit einem Eisberg: Ein Drittel ragt aus dem Wasser, das nennt er Bewusstsein. Dies sind unsere Gedanken und alles, was wir bewusst wahrnehmen. Zwei Drittel jedoch liegen versteckt unter der Wasseroberfläche, das nennt er Unterbewusstsein. Wir können es praktisch kaum bewusst wahrnehmen. Die Verbindung zu unserem Unterbewusstsein stellen unsere Gefühle und unsere Vorstellungskraft her.

Claude Bristol sagt: „Unser Bewusstsein ist die Quelle der Gedanken. Das Unterbewusstsein ist die Quelle der Kraft. Dort befinden sich die „Programme" für Gehen, Sprechen, Heilung usw. also alles, was unbewusst abläuft."

Vera Birkenbihl hat errechnet: Wir verfügen über ca. 5 Millimeter Bewusstsein gegenüber 11 Kilometern Unterbewusstsein.

Wird Ihnen nun klar, wie viel Macht Ihr Unterbewusstsein über Sie hat? Wissenschaftler haben ermittelt, dass wir täglich ca. 50.000 bis 70.000 Gedanken haben. Das Unterbewusstsein verfügt über alle Gedanken bis zum gegenwärtigen Augenblick. Jeder positive, aber auch jeder negative Gedanke ist peinlich genau abgespeichert.

Die wahren Optimisten sind nicht überzeugt, dass alles gutgehen wird, aber sie sind überzeugt, dass nicht alles schiefgehen kann.

An unseren Ergebnissen können wir erkennen, ob unser Unterbewusstsein eher positiv oder negativ belegt ist. Dabei spielt es keine Rolle, ob das, was das Unterbewusstsein für wahr hält, auch tatsächlich wahr ist. Das Unterbewusstsein wertet nicht, es speichert alles wertneutral ab.

Achten Sie deshalb auf Ihre Gedanken!

Taucht ein negativer Gedanke auf, so ersetzen Sie ihn einfach durch einen positiven Gedanken.

Umdenken braucht Zeit. Einen Tag lang positiv zu denken, reicht nicht aus. Geistiges Training ist wie Körpertraining. Je mehr Sie den Muskel trainieren, desto stärker wird er. Das Denken zu bereinigen, ist eine Aufgabe, die das ganze Leben in Anspruch nimmt. Es ist deshalb so schwierig, weil wir oft gar nicht merken, wie negativ wir eingestellt sind.

Optimisten schlendern auf den Wolken,
unter denen Pessimisten Trübsal blasen.

Beide befinden sich in der selben Situation, aber jede hat eine andere Einstellung dazu.

Confiserie-Verkäuferin Krimhilde M. (39), Offenbach, ärgert sich oft über kritische Kunden. Sie grübelt und macht sich Sorgen, warum der Umsatz seit Monaten rückläufig ist.

Confiserie-Verkäuferin Conni Klein (39) aus Bayreuth, freut sich jeden Morgen auf die vielen netten Kunden und die interessanten Gespräche. Sie wünscht sich, dass jeder Kunde ihre Confiserie ein bisschen glücklicher verlässt, als er sie betreten hat.

Sekretärin Brunhilde K. (35) aus Duisburg hat große Befürchtungen, dass die betrieblichen Veränderungen sie überfordern. Abends und am Wochenende hat sie keine Lust mehr, die Möglichkeiten einer beruflichen Weiterbildung zu nutzen.

Sekretärin Gaby Spöth (35) aus Warmensteinach liebt ihre Arbeit. Sie kommt morgens froh gelaunt und voller Tatendrang ins Büro. Sie freut sich auf die vielen neuen Herausforderungen, die ihr Beruf mit sich bringt. Zudem nutzt sie jede Möglichkeit zur persönlichen und beruflichen Weiterbildung. Zur Zeit besucht sie einen weiterführenden Computerkurs.

Beide befinden sich in der selben Situation, aber jeder hat eine andere Einstellung dazu.

Kfz-Meister Hugo L. (49) aus Ingolstadt ist meist schlecht gelaunt und nörgelig. Er hat Angst, dass er aufgrund der fortschreitenden Technik und seines Alters seinen Arbeitsplatz verliert.

Kfz-Meister Peter Bleil (53) aus Marktredwitz ist ein begeisterter Autonarr. Gerne gibt er seine Erfahrungen an die jungen, unerfahrenen Mechaniker weiter. Er nutzt jede Möglichkeit sich beruflich und persönlich weiterzubilden, damit ist er immer auf dem neuesten Stand der Technik.

Konrektor Manfred F. (44) aus Kulmbach ist frustriert. Wenn er durch den Wald geht, sieht er nur kranke Bäume. Er fürchtet die Umweltverschmutzung und das Baumsterben. Morgen wird er den Kindern in der Schule wieder davon berichten.

Lehrer Michael Sch. (48) aus Stockheim ist bei seinen Schülern und Kollegen sehr beliebt. Er ist fröhlich, natürlich und immer hilfsbereit. Er liebt das Wandern, die Gartenarbeit und die Natur. Heute pflanzt er einen neuen Baum.

Der Saal der tausend Spiegel

Irgendwo in einem Tempel gab es einen Saal der tausend Spiegel. Es begab sich, dass sich eines Tages ein Hund in diesem Tempel verirrte und in diesen Saal gelangte. Plötzlich, konfrontiert mit tausend Spiegelbildern, knurrte und bellte er seine vermeintlichen Gegner an. Diese zeigten ihm ebenso tausendfach die Zähne und bellten zurück. Worauf er noch tollwütiger reagierte. Das führte schließlich zu einer solchen Überanstrengung, dass er in seiner Aufregung daran starb.

Einige Zeit verging und irgendwann kam ein anderer Hund in den gleichen Saal der tausend Spiegel. Auch dieser Hund sah sich tausendfach umgeben von seinesgleichen. Da wedelte er freudig mit seinem Schwanz, und tausend Hunde wedelten ihm entgegen und freuten sich mit ihm. Freudig und ermutigt verließ er den Tempel.

Wie oft greift der Mensch zu den Sternen
und vergisst dabei,
dass die Erde selbst ein Stern ist.
Wer den Himmel nicht in sich selbst trägt,
der sucht ihn vergeblich.

Die Geschichte mit dem Hammer

Ein Mann will ein Bild aufhängen. Den Nagel hat er, nicht aber den Hammer. Der Nachbar hat einen. Also beschließt unser Mann, hinüberzugehen und ihn auszuborgen. Doch da kommt ihm ein Zweifel: Was, wenn der Nachbar mir den Hammer nicht leihen will? Gestern schon grüßte er mich nur so flüchtig. Vielleicht war er in Eile. Aber vielleicht war die Eile nur vorgeschützt, und er hat etwas gegen mich. Und was? Ich habe ihm nichts angetan; der bildet sich da etwas ein. Wenn jemand von mir ein Werkzeug borgen wollte, ich gäbe es ihm sofort. Und warum er nicht? Wie kann man einem Mitmenschen einen so einfachen Gefallen abschlagen? Leute wie dieser Kerl vergiften einem das Leben. Und dann bildet er sich noch ein, ich sei auf ihn angewiesen. Bloß weil er einen Hammer hat. Jetzt reicht' s mir wirklich.

– Und so stürmt er hinüber, läutet, der Nachbar öffnet, doch noch bevor er „Guten Tag" sagen kann, schreit ihn unser Mann an: „Behalten Sie sich Ihren Hammer, Sie Rüpel!"

Paul Watzlawik

Lebe den Augenblick!

Die Vergangenheit ist vorbei und die Tür zur Zukunft ist noch verschlossen. Alles was kommen wird, ist ungewiss.

Ein Unternehmer fragte einmal den Jesuitenpater Ziegler: „Sagen Sie einmal, Pater, gibt es ein Leben nach dem Tod?" Der Jesuitenpater antwortete: „Ob Sie ein Leben nach dem Tod haben, kann ich Ihnen nicht versprechen. Was ich Ihnen aber versprechen kann, ist, dass Sie ein Leben vor dem Tod haben!"

Zeit ist Leben. Geld und Gesundheit kann man zurückgewinnen, Zeit aber ist für immer verloren.

Das „Hier und Jetzt" ist die einzige Zeit, in der wir unser Leben aktiv gestalten können. Unsere Zufriedenheit und Leistungsfähigkeit hängen davon ab, wie sehr wir im gegenwärtigen Augenblick leben. Ganz gleich, was gestern geschah, es ist und bleibt vergangen. Wir können uns über die Vergangenheit ärgern oder darüber traurig sein, ändern können wir sie nicht. Warum sich also darüber aufregen?

Die Tür zur Vergangenheit bleibt für immer verschlossen und die Zukunft ist noch nicht geboren. Also bleibt uns nur eine Zeit, in der wir Glück und Zufriedenheit finden können – nämlich der gegenwärtige Augenblick!

Ein Vogel, der sich an einen Ast klammert, kann nicht fliegen. Hören Sie auf, sich an die Vergangenheit zu klammern!

Ein hinduistisches Sprichwort sagt: „Das Wasser wird rein, indem es weiterfließt, der Mensch, indem er weitergeht."

Grübeln über Vergangenes ist Gift für unser Wohlbefinden. Was gewesen ist, brauchen wir nicht zu vergessen, wir können es uns als Lebenserfahrung für die Zukunft nutzbar machen.

Auch unsere Fehler aus der Vergangenheit sind nicht mehr zu ändern. Deshalb ist es sinnvoll, uns selbst zu vergeben und uns so zu mögen, wie wir sind.

Denken Sie nicht ständig darüber nach, wie schön das Leben gestern war. Das Leben findet immer „hier und jetzt" statt.

Beobachten Sie einmal kleine Kinder: Sie leben immer im gegenwärtigen Augenblick. Egal, ob sie einen Käfer beobachten, eine Sandburg bauen oder diese zertreten.

Deshalb versuchen Sie einmal, nur für die nächste Stunde, alles leichter und gelassener zu sehen.

Auch das „sich Sorgen machen um die Zukunft" ist für viele Menschen zur Gewohnheit geworden.

Aus unserer Erfahrung wissen wir, dass die meisten unserer Sorgen oder Befürchtungen gar nicht eingetreten sind.

Wer die Ängste von gestern und die Sorgen von morgen mit sich trägt, kann nicht im Heute leben!

Unsere Zukunft bringt das, was wir in diesem Augenblick getan haben.

Hier und jetzt können Sie für die schönen Erinnerungen von morgen sorgen.

Lebe hier und jetzt!

Carpe Diem – Nutze die Zeit

Ein aufstrebender Mann wollte vom Meister wissen, was das Geheimnis eines erfolgreichen Lebens sei. Der Meister sagte: „Mache jeden Tag einen Menschen glücklich!" Und als nachträglichen Gedanken fügte er hinzu: „... selbst wenn dieser Mensch du selbst bist." Nach einer Gedankenpause sagte er: „Vor allem, wenn dieser Mensch du selbst bist."

Eine Schülerin denkt: „Wenn ich nur erst einmal die Schule geschafft habe, dann bin ich glücklich." Wenn sie dann die Schule hinter sich hat, merkt sie plötzlich, dass sie nicht froh sein kann, bis sie ihre Lehre beendet hat. Sie beendet ihre Lehre und wünscht sich: „Wenn ich meinen Mann fürs Leben gefunden habe, dann bin ich glücklich und zufrieden." Sie hat ihren Mann gefunden und jetzt merkt sie, dass sie erst glücklich sein kann, wenn sie geheiratet und Kinder hat. Dann hat sie geheiratet und drei gesunde Kinder, aber etwas fehlt noch: „Wenn wir erst einmal ein eigenes Häuschen haben, dann bin ich glücklich."

Und wie geht es weiter? Sie werden es erraten: Sie kann immer noch nicht glücklich sein. Im Laufe der Jahre verschiebt sie ihr Glück, bis die Kinder in die Schule gehen, bis das Haus abbezahlt ist, die Kinder aus der Schule sind, ihr Mann pensioniert ist...

Und eines Tages ist sie tot, bevor sie sich erlaubte, glücklich zu sein. Jeder Augenblick ihrer Gegenwart verging mit dem Planen einer wunderschönen Zukunft, die nie Wirklichkeit wurde.

Erkennen Sie sich oder andere, die das Glücklichsein immer auf später verschieben, in dieser Geschichte wieder?

Ihre beste Zeit war nicht und sie kommt auch nicht. Ihre beste Zeit ist immer „Jetzt"!

Nutzen Sie den gegenwärtigen Augenblick. Verleben Sie die größtmögliche Zahl glücklicher Stunden. Jetzt!

Für die schönen Erinnerungen von morgen, müssen Sie heute sorgen.

Was Sie in den nächsten zehn oder zwanzig Jahren erleben, wird von dem beeinflusst, was Sie heute dafür tun.

Die Zukunft ist die Zeit, in der du das bereust, was du heute tun könntest, aber nicht getan hast.

Der Tod beendet all unsere Sorgen, Nöte, Schuldgefühle und unseren Stress. Über Ärger und Zorn breitet sich der Mantel des Friedens. Aus der Sicht des Todes können Sie den Wert Ihres Lebens bestimmen.

Betrachten Sie den Tod als Ihren Freund, er lehrt Sie, im Heute zu leben.

Beschließen Sie zu leben, bis Sie sterben!

Meinen Sie, ein glückliches Leben ist unmöglich? Verbringen Sie doch einfach die nächste Stunde frei von Angst und Sorgen, frei von Grübelei und Schuldgefühlen. Fragen Sie sich: Für was oder wen kann ich dankbar sein?

Visualisieren Sie sich klare, positive Bilder von Ihrer Zukunft und verwirklichen Sie diese – jetzt!

Eine Reise von 1000 Kilometern beginnt immer mit einem ersten Schritt.

Hier ruht eine,
die Morgen
glücklich sein
wollte.
1937
1999

Wenn ich mein Leben noch einmal leben könnte

Könnte ich mein Leben nochmals leben, dann würde ich das nächste Mal riskieren, mehr Fehler zu machen. Ich würde mich entspannen, lockerer und humorvoller sein als dieses Mal. Ich erkenne nur sehr wenige Dinge, die ich ernst nehmen würde.

Ich würde mehr verreisen. Und ein bisschen verrückter sein. Ich würde mehr Berge erklimmen, mehr Flüsse durchschwimmen und mir mehr Sonnenuntergänge anschauen. Ich würde mehr spazieren gehen und mir alles besser anschauen. Ich hätte mehr echte Schwierigkeiten als eingebildete. Müsste ich es noch einmal machen, ich würde einfach versuchen, immer nur einen Augenblick nach dem anderen zu leben, anstatt jeden Tag schon viele Jahre im Voraus.

Könnte ich noch einmal von vorne anfangen, würde ich viel herumkommen, viele Dinge tun und mit sehr wenig Gepäck reisen. Könnte ich mein Leben nochmals leben, würde ich im Frühjahr und im Herbst länger barfuß gehen. Und ich würde öfter die Schule schwänzen. Ich würde mehr Karussell fahren, mehr mit Kindern spielen und ich würde mehr Gänseblümchen pflücken.

Botschaft einer 85-jährigen Dame

Nimm dir Zeit!

Nimm dir Zeit zum Arbeiten:
das ist der Preis für den Erfolg.

Nimm dir Zeit zum Nachdenken:
das ist die Quelle der Kraft.

Nimm dir Zeit zum Spielen:
das ist das Geheimnis der Jugend.

Nimm dir Zeit zum Lesen:
das ist das Fundament des Wissens.

Nimm dir Zeit für die Andacht:
das wäscht den irdischen Staub von den Augen.

Nimm dir Zeit für deine Freunde:
das ist die Quelle des Glücks.

Nimm dir Zeit für das Lieben:
das ist das einzige Sakrament des Lebens.

Nimm dir Zeit zum Träumen:
das zieht die Seele zu den Sternen hinauf.

Nimm dir Zeit zum Lachen:
das hilft, die Bürden des Lebens zu tragen.

Nimm dir Zeit zum Planen:
denn dann hast du auch für die anderen Dinge Zeit.

Irisches Gedicht

St. Paul's Kirche Baltimore 1692

Gehe gelassen inmitten von Lärm und Hast und denke daran, welcher Friede in der Stille sein kann. Soweit wie möglich versuche, mit allen Menschen auszukommen, ohne dich zu unterwerfen.

Sprich deine Wahrheiten ruhig und klar und höre anderen zu, auch den Unwissenden, auch sie haben ihre Geschichte.

Vermeide laute und aggressive Menschen, sie sind eine Plage für die Seele. Wenn du dich mit anderen vergleichst, dann könntest du eitel oder bitter werden, denn es gibt immer größere und geringere Menschen als dich.

Freue dich über deine Erfolge und Pläne. Nimm deine Arbeit ernst, aber bleibe bescheiden, das ist ein wirklicher Besitz in den wechselnden Geschicken des Lebens. Sei vorsichtig mit geschäftlichen Dingen, denn die Welt ist voller Listen.

Aber sei du selbst. Besonders heuchle keine Zärtlichkeit, sei aber auch nicht zynisch in Bezug auf Liebe, denn angesichts aller Trockenheit und Entzauberung ist sie wiederkehrend wie das Gras. Nimm gütig den Rat der Jahre an und lass mit Anmut die Dinge der Jugend hinter dir.

Nähre die Stärke der Seele, um im plötzlichen Unglück nicht schutzlos zu sein. Aber beunruhige dich nicht mit Grübeleien.

Abgesehen von einer gesunden Disziplin sei milde mit dir selbst. Du bist ein Kind des Universums, nicht weniger und nicht mehr als die Bäume und die Sterne, die Blumen und die Tiere. Du hast ein Recht hier zu sein. Und ob es dir klar ist oder nicht, das Universum entfaltet sich, wie es soll. Deshalb sei in Frieden mit Gott, wie immer du ihn dir auch vorstellst. Halte Frieden mit deiner Seele. Mit all ihrem Schein, der Plackerei und den zerbrochenen Träumen ist es doch eine schöne Welt. Gib acht auf sie und versuche glücklich zu werden!

Erschrecken wir nicht, anders zu denken,
anders zu sein, die Dinge einmal anders anzupacken,
anders zu reden, anders zu schreiben,
einen neuen Ton im Umgang mit anderen zu bringen,
kurz etwas NEUES zu tun.
Persönlichkeiten sind deshalb Persönlichkeiten,
weil sie den Mut haben, anders zu sein.

Emil Oesch

Heute ist der erste Tag vom Rest deines Lebens,
einem Leben, das du gestalten kannst!

Literaturverzeichnis

Beyer, Maria M.: Power Line

Birkenbihl, Vera F.: 115 Ideen für ein besseres Leben

Birkenbihl, Vera F.: Der persönliche Erfolg

Birkenbihl, Vera F.: Erfolgstipps

Birkenbihl, Vera F.: Pragmatische Esoterik im Alltag

Birkenbihl, Vera F.: Stroh im Kopf

Birkenbihl, Vera F.: Trotz Schule lernen

Carnegie, Dale: Wie man Freunde gewinnt

Carnegie, Dale: Sorge dich nicht – lebe!

Dr. Chopra, Deepak: Die heilende Kraft

de Mello, Anthony: Eine Minute Weisheit

de Mello, Anthony: Gib deiner Seele Zeit

Denz, Wolfgang & Thiel, Claudia: Erfolgsfaktor Paradoxie

Dethlefsen, Thorwald & Dahlke, Rüdiger: Krankheit als Weg

Egli, René: LOL²A Prinzip

Egli, René: LOL²A Prinzip 'Formel für Reichtum

Enkelmann, Claudia: Mit Liebe, Lust und Leidenschaft zum Erfolg

Enkelmann, Nikolaus B.: Kraftgedanken

Enkelmann, Nikolaus B.: Wunder durch Begeisterung

Fliege, Jürgen: Passen Sie gut auf sich auf

Forsyth, Patrick: Erfolgreiches Zeitmanagement

Frankl, Viktor: Der Mensch vor der Frage nach dem Sinn

Frankl, Viktor: Trotzdem Ja zum Leben sagen

Fromm, Erich: Die Kunst des Liebens

Garder, Jostein: Sofies Welt

Gawain, Shakti: Stell Dir Vor

Gibran, Khalil: Der Prophet

Goleman, Daniel: Emotionale Intelligenz

Gray, John: Männer sind anders, Frauen auch

Gray, John: Mars sucht Venus. Venus sucht Mars

Gray, John: Mars, Venus und Eros

Gross, Günter: Beruflich Profi, privat Amateur?

Hastedt, H. & Martens, E.: Ethik Ein Grundkurs

Hay, Louise: Heile Deinen Körper

Kirshenbaum, Mira: Soll ich bleiben, soll ich gehen?

Klatt, Birgit: Umarmen, Frankfurt, Arbeitskreis Lupus erethematodes – Hessen

Kornfield, J. & Feldman, C.: Geschichten, die der Seele gut tun

Dr. Kübler-Ross, Elisabeth: Über den Tod und das Leben danach

Küstenmacher, Marion und Werner: Simplify Your Life

Laotse: TAO TE KING

Lassen, Arthur: Heute ist mein bester Tag

Lauster, Peter: Stark sein in Beziehungskrisen

Leven, Christian: Worte zum Wohlfühlen

Lieblich, Lena: Kathi; Satori Verlag GmbH, Postfach 200454, 93063 Regensburg ISBN 3-89758-006-3

Matthews, Andrew: So geht's dir gut

Matthews, Andrew: So machst Du Dir Freunde

Mohr, Bärbel: Bestellungen beim Universum

Molicki, Manfred: Zeitzeichen

Dr. Müller Kainz, Elfrida: Ängste meistern

Dr. Müller Kainz, Elfrida: Depressionen meistern

Dr. Müller Kainz, Elfrida: Die Macht der Konzentration

Dr. Müller Kainz, Elfrida: Eheprobleme meistern

Dr. Müller Kainz, Elfrida: Erfolg und Harmonie im Leben

Dr. Müller Kainz, Elfrida: Kindererziehung

Dr. Müller Kainz, Elfrida: Konzentrationstraining

Dr. Müller Kainz, Elfrida: Vital und jung bleiben

Dr. Müller Kainz, Elfrida: Was Krankheiten uns sagen

Nagel, Jack: 147 Weisheiten für den Manager

Neumann, Ursula: Wenn die Kinder klein sind, gib ihnen Wurzeln, wenn sie groß sind, gib ihnen Flügel
O' Conner, Josef, & Seymour, John: Persönliche Entfaltung
Popcorn, Faith: Clicking – Popcorn Report
Prekop, Jirina & Schweizer, Christel: Kinder sind Gäste, die nach dem Weg fragen
Robbins, Anthony: Erfolgsschritte nach dem Power Prinzip
Robert und Jacobsen: Pygmalion im Unterricht Rosenthal
Schäfer, Bodo: In sieben Jahren zur ersten Million
Schmidt, Josef: Freude ist die vollendetste Form der Dankbarkeit
Schmidt, Josef: Lebensenergie I/II
Schmidt, Josef: Vorbilder Leitbilder
Schmidt, Josef: Zeitsouveränität
Seiwert: Selbstmanagement
Simonthon: Simonthon Methode
Tegtmeier, Ralph: Der Geist in der Münze
Tepperwein, Kurt: Loslassen was nicht glücklich macht
Vithoulkas, Georgos: Medizin der Zukunft
Watzlawick, Paul: Anleitung zum Unglücklichsein
Watzlawick, Paul: Wie wirklich ist die Wirklichkeit?
Weischedel, Wilhelm: Die philosophische Hintertreppe

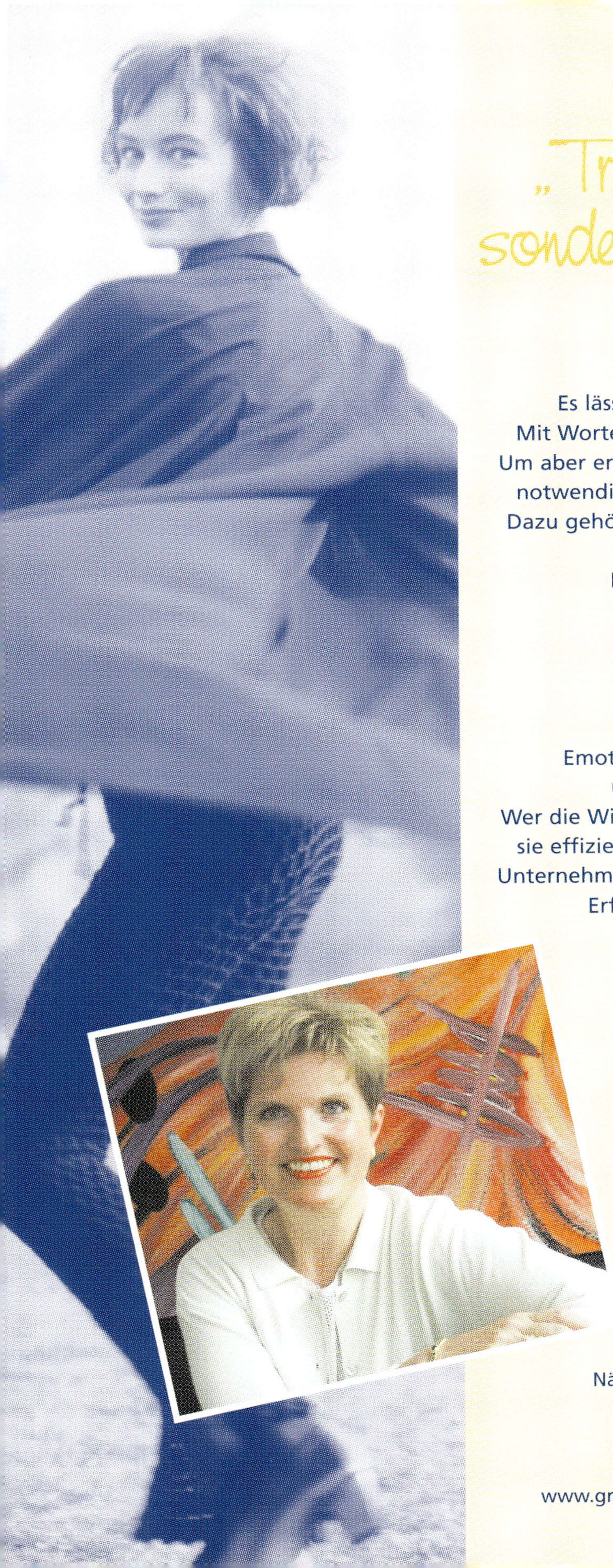

Bleiben Sie sich treu!
Seminare für Ihren Erfolg.

„Träume nicht dein Leben, sondern er-lebe deinen Traum!"

GRUNDSEMINAR KOMMUNIKATION
Von innen heraus überzeugen

Es lässt sich nicht vermeiden: wir kommunizieren immer! Mit Worten, mit Gesten, mit Mimik, mit unserem ganzen Körper. Um aber erfolgreich zu kommunizieren - beruflich und privat - ist es notwendig, die Klaviatur der Kommunikation perfekt zu spielen. Dazu gehören rhetorisches Geschick, überzeugende Körpersprache und eine positive Ausstrahlung. Lüften Sie das Geheimnis der Kommunikation!

SEMINAR ERFOLG
Management mit Herz

Emotionale Intelligenz, Management by heart, Intuition und Einfühlungsvermögen - das sind soft skills. Wer die Wirkung dieser hervorragenden Eigenschaften versteht und sie effizient anwendet, ist bestens geeignet, um ein erfolgreiches Unternehmen zu managen und eine glückliche Beziehung zu führen. Erfahren Sie, wie Sie Ihre soft skills erfolgreich für Ihre Ziele einsetzen können.

Weitere Seminar-Angebote unter:
www.grieshammer-seminare.de

Margit Grieshammer

Nähere Informationen zu den Vorträgen und Seminaren gibt es unter folgender Adresse:

Margit Grieshammer Seminare
Alte Bayreuther Straße 35 · 95466 Weidenberg
Telefon 0 92 78/ 84 55 · Telefax 0 92 78/ 77 34 68
www.grieshammer-seminare.de · margit@grieshammer-seminare.de